自由に働くための

出世のルール

父がわたしに教えてくれなかったこと

はじめに

人生一〇〇年時代における キャリアの進め方

人生一〇〇年時代に入り、男女を問わず、今後、ますます戦略的に自分のキャリアを形成する時代になってきています。

「女性は昇進したがらない」という声を、女性本人からもその上司からもよく聞きます。実際、私の部下でも、「昇進したくない」と希望を伝えてくる女性が少なくありませんでした。

理由は、実にさまざまです。

「チームを率いていく自信がない」「リーダー役よりもプレイヤー役をやりたい」「結婚しているから自分ががんばらなくても食べていける」「仕事よりもプライベートでやりたいことがある」

けれども、たとえば、今は結婚して共働き収入で問題がないかもしれないけれど、急に夫が病気になって働けなくなる、交通事故に遭遇して死亡してしまう可能性もゼロではないでしょう？

また、人生一〇〇年時代というのに、六十歳で仕事がなくなったら、残り四十年はどうやって生きていくのでしょうか？　今四十歳だとしたら、後二十年間で、残り四十年分のお金を稼げるのでしょうか？

チームを率いていく自信がないと言うけれど、そんなのやってみなければわからない、やってみてやっぱり向いていないと思ったら、そのとき、「リーダーから外してください」と申し出ればいいのではありませんか？

未来まで考えた上でリーダーにはならないと決めたのであれば、その決定を尊重したいと思います。当たり前のことですが、いろいろな生き方があってかまいません。

重要なのは、その決断をするまでに、きちんと考えたかどうかです。そして、**今、下した判断で、将来もし気持ちが変わったときに、大きなハンディを負わないかどうか**を考えて下した結論かどうかです。

とはいえ、本書を手に取ってくださったということはすなわち、「キャリアアップしたい」という思いを大なり小なり持っていらっしゃるのだと思います。ですので、この後は、キャリアアップを目指すことを前提にお話ししたいと思います。

少子高齢化による労働力の減少やグローバル化による競争への活路を見い出すために、女性に期待が集まっています。二〇一二年に第二次安倍政権が女性活躍推進の旗を振りはじめてから、五年が過ぎました。

なぜ国が女性活躍推進の旗を振っているのかは、数多くの書籍や記事が出ているので、詳細はそれらに譲りますが、はたして女性活躍推進によって女性の働く環境は変わったのでしょうか。

日本では、なぜ、企業で出世する女性が少ないのか？

経済産業省が発表した「ダイバーシティ２・０　一歩先の競争戦略へ」では、各ポストにおける女性比率の国際比較を出していますが、就業者に占める女性比率は、日本もアメリカ・イギリス・フランス・スウェーデンと比較しても大きく変わらないのに対し、**管理職になると、日本はぐっと減り一二・五%となり、役員に占める割合は、わずか三・四%**（図表1）。女性がトップに上っていきにくいと言われているアメリカの三分の一以下の数字です。

仕事ができる優秀な女性は、日本にも数多くいます。しかし、昇進してキャリアアップする女性は少ないのが現状。どうしてでしょうか？

いろいろ要因はあるでしょうが、まず、仕事の能力や実績が会社側に評価されなければなりません。組織の中で評価され昇進していくには、自分がどんな価値を会社（ひいては社会）に提供できるかを考え、上司や経営陣に理解してもらう必要があるのです。

このとき、組織の中で評価される仕事をしているかどうかも重要になります。転勤がないなどというキャリアの継続性を重視する理由で、サポート的な役割である一般職を選んだり、広報や経理などの専門職を選んだりすると、経営層へ上がっていくには不利になる場合がありま す。

図表1　各ポストに占める女性比率の国際比較

日本においては、就業者に占める女性比率に比べ、
役員および管理的職業従事者の女性比率が著しく低い。

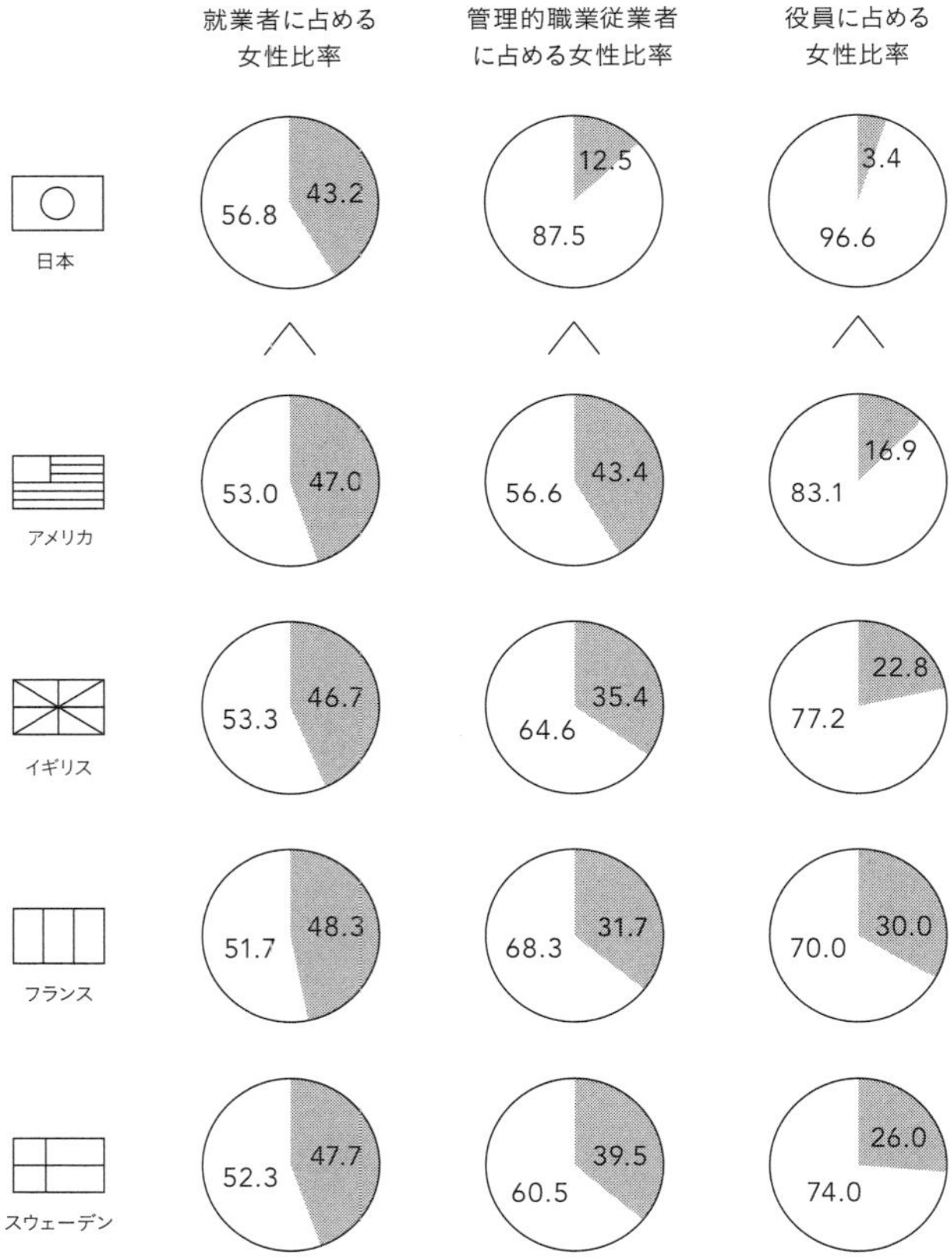

1.「管理的職業従事者」及び「就業者」については、「平成二十八年版男女共同参画白書」に基づき、作成。日本、イギリス、フランス、及びスウェーデンは二〇一五(平成二十七)年の値。アメリカは、二〇一四(平成二十六)年の値。
2.「役員」については、日本は、東洋経済新報社「役員四季報」(二〇一七年版)に基づき作成、二〇一六(平成二十八)年七月の値。その他の国は、米国の国際非営利団体「国際女性経営幹部協会」(CWDI)「Comparative Percentages of Women Directors」に基づき作成、二〇一五年(平成二十七年)一月の値。
出典：経済産業省「ダイバーシティ2.0 一歩先の競争戦略へ(平成二十九年六月)」をもとに作成
URL; http://www.meti.go.jp/policy/economy/jinzai/diversity/diversitykyousousenryaku.pdf

また、男女雇用機会均等法以前の女性陣には、当時から総合職として女性を採用していた限定的な業界で働く人や、プロフェッショナルとして働き続けられた弁護士や医師や看護師などの国家資格保有者が多く、職種が意外と偏っています。

その人たちをロールモデルにしても、幅広くいろいろな業界に女性が就職している現在とは環境が異なるため、昇進していくために必要なスキルは必ずしも得られないでしょう。

実は自分が選んだ職種によって壁にぶつかることがあることに、三十代後半になって気づく人も少なくありません。そのとき、大学院に通ったり、仕事の中で必死にスキルを磨こうとしたりする人もいれば、その壁に気づかないまま、「何が足りないのだろう？」と悩んでいる人もいます。

女性に長時間労働を求める日本企業や、女性に妻・母としての完璧さを求める日本人男性側の問題もあると思います（私の周囲にはこういう男性はあまり多くいませんが、社会全体として見ると、この傾向があるのは否めません）。

しかし、一方で女性側が、上司や経営層に影響を与えるように動き、昇進へのチャンスを自らつかんでいく必要もあるのです。

仕事を通じて、私は人間として大きく成長させてもらいました。

社内でのポジションが上がるたびに、自分が思っていたよりもはるかに広い世界を見ることができました。責任はもちろん大きくなりますが、自分が社会へ生み出せるインパクトもどんどん大きくなり、仕事の楽しさを学び、そして、仕事が自分に与える影響の大きさにも気づきました。

出世することで、自分が今までおかしいと思っていたことを変えることもできました。たとえば、新卒の人と中途採用の人との給与・賞与の差や、時短勤務で働く人の評価のほか、新規事業に取り組む人の評価指標などです。

こうして、みながより働きやすい環境を作ることも、ポジションが上がっていけば可能になるのです。


ビジネスパーソンとしてキャリアアップしていくために必要となる基本的なビジネススキルに男女の違いはありません。実際、リーダーとして活躍している女性たちが読んでいる本は男性のそれと同じです。

逆に言うと、そういう本しか世の中に出回っていないということです。しかし、現実には、もともと男性社会であったビジネス界で女性が男性と肩を並べてキャリアアップしていくために、女性にのみ必要なスキルや知識というのが確かに存在します。それを無視しては、特に大企業でのキャリアアップは難しい、と言えます。

本書では、類書ではほとんど触れられていない、そうしたリアルなスキルや知識を中心にお話しします。私自身や私の周りの女性たちの経験に基づく文字通りの実践的スキルです。ご期待ください。

男女それぞれの「生き難さ」が存在する社会

というわけで、まずは、社会に存在する「男女差」について理解しておく必要があります。男性には必ずしも必要ありませんが、女性がキャリアアップするためには、男女差の理解が必須です。

『モテる構造――男と女の社会学』（山田昌弘著、ちくま新書、二〇一六年）によると、男性と女性それぞれには、社会から求められる「性別役割規範」があり、また同時に近代社会における男女のアイデンティティ構造の違いによって、「生き難さ」が存在すると説明されています。

図表2で具体的に見てみましょう。山田氏は、男性は「できる＝モテる」という世界で生きているのに対し、女性は「できる≠モテる」の世界で生きているとしています。

女性は、「できる」ことと「モテる」ことが、分離した世界に生きることになる。すると、公的世界でのアイデンティティ、つまり、仕事で「できる」を追求したとしても、私的世界での女性としてのアイデンティティ、性的魅力が増すわけではない。～中略～人間のエネルギー量が一定であるならば、女性が公的世界でアイデンティティを追求し、かつ、私的な世界でも魅力的であろうとすれば、男性以上のエネルギーを使わなくてはならない。明らかに男性に比べて不利である。男性は家事をしなくても、家庭内で気を遣わなくても、仕事に専念できる。これが、公的領域で活躍したいと思っている女性には、差別となるのである。

――『モテる構造』山田昌弘　一三〇頁より引用

図表2　非対称な男女別「できる」×「モテる」構造

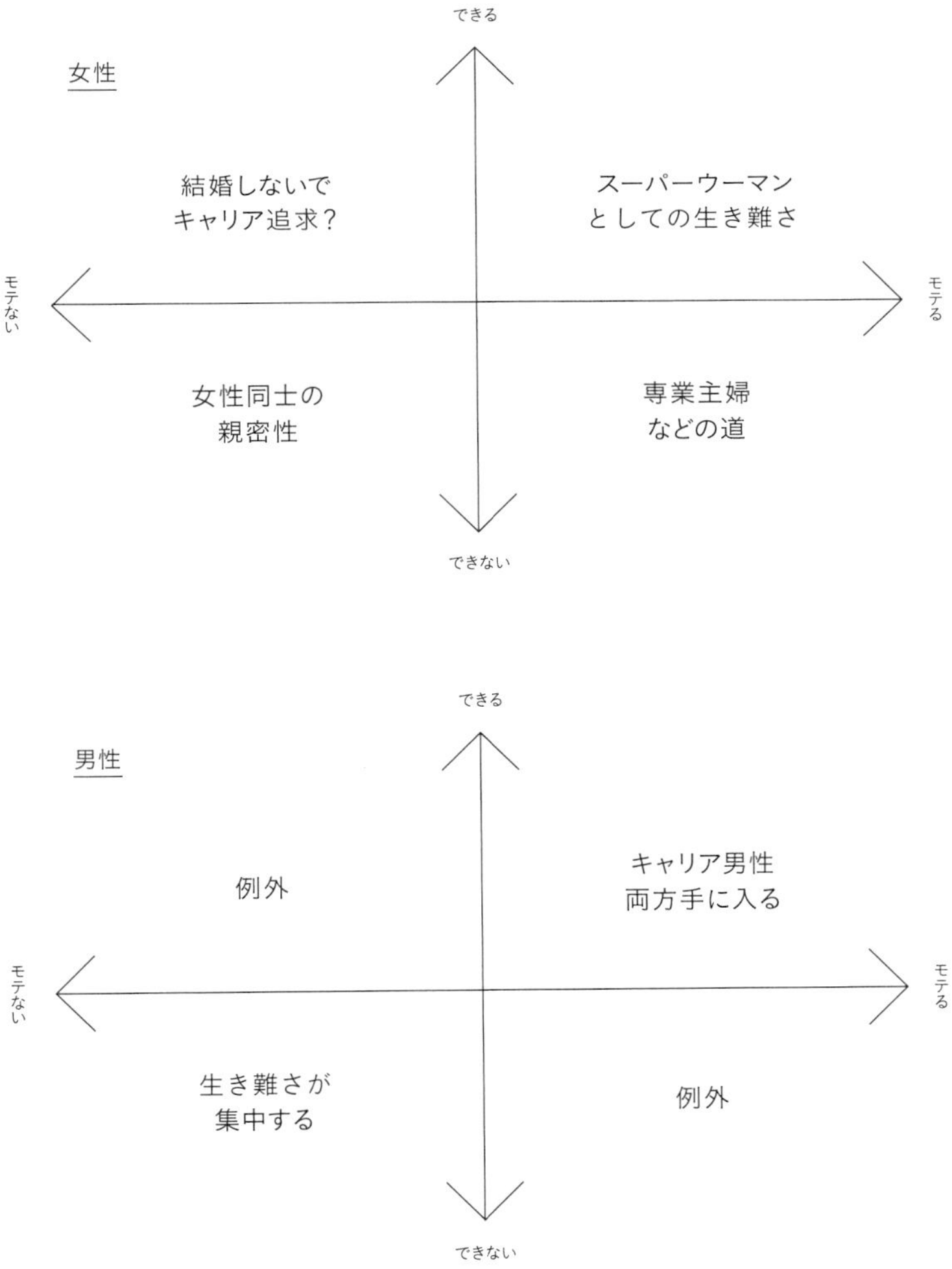

出典：『モテる構造』（山田昌弘著、ちくま新書、二〇一六年）一三三頁をもとに作成

つまり、男性は、仕事をがんばれば、自動的に女性にとっての性的魅力も向上するので、仕事とプライベートの努力のベクトルは一つだけですみます。一方の女性は、仕事をどんなに頑張っていても、プライベートを充実させたいなら別の努力をしなくてはなりません。

男性は、仕事ができないと男女双方から承認されなくなってしまうわけで、その過酷さは自殺者やホームレスの男性率の高さからも窺えますが、女性は女性で、仕事とプライベートの両方を追求しようとすると、男性以上のエネルギーを割かなければいけないというかなりの負担がかかっているのです。

女性が仕事を続けていく上では、社会から求められる「男性は仕事」「女性は家庭」といった性別役割規範とともに、この構造があるという前提でキャリアを考えていくことを念頭に置くようにしないといけないでしょう。

特に、「男性は仕事」という性別役割規範は、まだまだ強く社会に根づいていると、個人的には感じています。

仕事を通して学ぶ機会が女性は男性より少ないことが前提

仕事における男性優位は、ビジネスの現場でも言えることです。実際、新入社員として男女横並びでキャリアがスタートしても、「男性」という理由で、きつい仕事が割り振られ、結果として男性のほうが経験を積める姿を見てきました。

たとえば、途上国への海外出張や赴任などがわかりやすいケースでしょう。政情が不安定だから、テロの危険性があるから、衛生上の懸念があるからなどを理由に、「女の子にはこんな大変な思いをさせなくても」と上司が悪気なく配慮してしまい、大きな成長につながる厳しいきつい仕事は割り振られない傾向があるのです。

この「経験できる・できない」の差は、一回一回の差は少なくとも、数年単位で見たときには大きな差となって表れます。

したがって、**女性は、「仕事を通して学ぶ機会が男性に比べて少ない」ことを前提に、戦略的に考えて動いていく**必要があります。

この差を意識しているかが、キャリアに大きく影響していくのです。

働く上でのスタンスにはいろいろな形がある

社会に存在する男女差について、先ほど説明しましたが、この男女差に対してはさまざまな考え方があるし、対応の仕方があると思います。

二〇一七年十一月に、熊本市の議会で子どもと一緒に登院した議員が話題になりました。その一件を、日本経済新聞のコラム（二〇一八年一月八日・夕刊）で、詩人の水無田気流氏は、「一九八七年、タレントのアグネス・チャンの子連れ出勤が物議を醸した『アグネス論争』をほうふつとさせられた」と記しました。

タレントのアグネス・チャンも子どもを楽屋に連れてくる「横紙破り」（習慣に外れたことを無理に行おうとすること）と呼ばれた行為で世間の壁と戦ってきたことを紹介し、その結果、「かつて『問題』であったものは、今やそれほど問題視されなくなった」ことを指摘しています。

熊本市議会議員の戦い方を子どもっぽいと言って、評価しないのではなく、「横紙破りで戦ったんだな、この人は」というふうに見てあげなさいと水無田氏が暗に言っているのを読み、私は素敵だなと思いました。

働き方にはいろいろなスタンスがあり、また時代によって変わってくるものもあります。本書に記したのは、私、秋山が二〇〇〇年から二〇一八年現在までに実践してきた、女性が上のポジションに上がっていくときの方法です。

戦略と事業開発という経営トップに求められるスキルを専門としてきたことの優位性はあったものの、それだけでは上に上がっていくことができない、今の男性優位社会におけるノウハウに過ぎません。

この方法は、もしかすると、十年後、十五年後、二十年後には変わっているかもしれない、ということは、忘れずに補足しておきたいと思います。

私が経験してきたことが、読者のみなさまの何か一つでもお役に立ちますように。

自由に働くための出世のルール

もくじ

第2章

ステップアップするためのイメージ戦略

第3章

ステップアップするための外交戦略

本書は、日経ビジネスオンラインの連載「秋山ゆかりの女性キャリアアップ論」（二〇一四年三月〜二〇一七年九月）を、大幅加筆・再編集したものです。

守秘義務の観点から、事案の内容や設定の一部を改変させていただいているところがあります。

参考文献に関しては原文を参照していますが、和訳があるものは和訳タイトルを文中に記載しております。なお、ＵＲＬは、二〇一八年三月末日時点のものです。

第1章
ステップアップするための成長戦略

成長戦略については、人に育ててもらう部分と、自分で自分のことを育てる部分がありますが、本書では特に後者にターゲットを絞ります。

他人はあなたの人生に100％責任を負いません。責任を負うのはあなた自身。だから、人に育ててもらう部分も含めて、自分自身で必要となるスキルをどうやって育てるのか決めていく必要があるのです。

この章では、個人の成長戦略を次の３項目で説明していきます。

1 自分を育てるとはどういうことか
2 ほしいスキルの育て方
3 過去・現在・未来から、戦略的に自分を育てる

成長戦略Ⅰ

自分を育てるとはどういうことか

二〇一七年十月から、人生一〇〇年時代の産業人材強化について話し合う経済産業省の有識者会議「必要な人材像とキャリア構築支援に向けた検討ワーキング・グループ」がはじまりました。

そこで、「個人が自身の働き方や能力開発を主体的に選択できるキャリア権を確立すべきだ」という提案骨子がまとめられたことから、「**キャリア権**」が話題になっています。

キャリア権とは、**働く人々が意欲と能力に応じて希望する仕事を選択し、職業生活を通じて幸福を追求する権利**です＊。

＊出典：ＮＰＯ法人キャリア権推進ネットワーク　ＵＲＬ；http://www.career-ken.org/career.html

「キャリア権」が話題となる背景には、以下の二点が挙げられています。

・労働人口が減る日本で、今まで働いていなかった高齢者も就業が求められ、働く期間が長くなること

・産業構造の変化や労働市場の流動化により、新しい知識や技術を習得する必要性が生まれていること

しかし私は、こういった社会的な要因からだけではなく、**常に人は一人ひとりが、幸せに生きるために、自分でキャリアを考え、必要なスキルを身につけていくべき**だと思っています。

自由を失わないためにキャリアを考える

「**自分の人生は誰も責任を取ってくれない、自分が責任を取るもの**」

――こう書くと、当たり前のことだと思う方も多いかもしれません。しかし、いまだ専業主

婦志望の女性は多く、二割くらいいると言われています。

また、「三十歳ぐらいまでは仕事し、子どもができたらその後は家庭に入るという隠れ専業主婦志向が早稲田で二八％、女子大では四四％にものぼる」と、『専業主婦になりたい女たち』（白河桃子著、ポプラ社、二〇一四年）には書かれており、出産後に専業主婦になることに憧れる女性も少なくないのです。

二〇一七年六月二十一日にWEBメディア「ビジネス・インサイダー・ジャパン」に掲載された「高学歴女子はなぜ今、あえて一般職を目指すのか」という記事で、早慶上智という有名大学の女子学生が一般職を希望する実態がレポートされました。この記事を読みながら、私は倒れそうになりました。

一般職に就いたら、本来会社で身につけられるはずのビジネススキルは身につかないし、男女の差はますます広がっていく。たとえ、**結婚、出産まで順調にいったとしても、その後の将来の保証はなく、配偶者が突然病気になったり、事故に遭ったりして働けなくなる**かもしれない。

そんなときに、**ビジネススキルを身につけなかった女性が働きに出ようと思っても、安い仕事にしか就けない。生きていくことが困難になってしまう。**そう、強い危機感を覚えたのです。

というのも、実は私は二十代の頃に、苦い経験をしているからです。

私は、かつて専業主婦志望でした。大学在籍中に婚約し、大学卒業と同時に結婚、大学院へ進学しました。就職する気はなく、大学院卒業後は専業主婦になるつもりでした。

ところが、当時の夫には稼ぎはあったものの、家計にお金を入れてくれず、私は銀行でもらったラップを洗って干して使うなど、節約に節約を重ねる日々でした。そんな生活は、なんだか幸せではないけれど、でもその生き方しかないのだと思っていました。

あるとき、隣の県に住んでいた伯母から家に遊びにおいでと誘われたのですが、「電車賃がないから行けない」と断るしかありませんでした。すると伯母はすぐに私に、「このお金で必ず来なさい」と手紙とお金を送ってきました。

そのお金で伯母の家に遊びに行くと、伯母から「お金を渡さないのは、家に女を縛りつける方法の一つ」と指摘されました。

好きな人と一緒に暮らすことと、好きな人に依存して生きていくことは違う。夫婦とは何か、大人の女性とは何かをきちんと考えるようにと諭されたのでした。

また当時、夫の浮気問題にも悩んでいました。伯母から、別れられない理由の一つにお金の問題があるのではないかと指摘を受け、経済的に自立するためにと、大学院を短期修了し、そのときに就ける仕事に就職したのです。

しかし、入社後、社内でのキャリアパスの選択肢のない職に就いてしまったことに気づき、その後、転職に至りました。

「なぜ、もっと早くきちんと考えておかなかったのだろう？」

――二十代半ばに「第二新卒」としての転職をし、経験を積み直さなければいけなくなったとき、失った数年を埋めるのに遅すぎはしないけれども、人よりも数倍がんばらないといけないと、同年代の友人たちを横目に反省しました。

そんな自分の苦い経験があるから、女性たちには強く言いたいのです。**自由を失わないため**

のキャリアをきちんと見据えてほしいと。

二十四時間三六五日、何十年もバリバリと仕事をしろと言っているわけではありません。ライフイベントに合わせて、スローダウンする時期もあるでしょう。キャリアをステップダウンせずにスローダウンする方法がちゃんとあります。

自分で自分の働き方をコントロールする方法とスキルを持っておくことは、女性がキャリアを築いていく上で、特に大切なことです。

私たち女性が自分らしく生きていくためには、妊娠・出産というライフイベントも含め、**長期にわたって自分自身をどう育てていくのか、ライフ・キャリアプランを描いていくことが必要です。自分の未来の選択肢を狭めることなく、必要なスキルや経験を考え、一つずつ身につけていってほしい**のです。

会社の中で昇進していくときに必要となるスキルについても、最終的には自分で定義し、仕事を通じて、あるいは、勉強をして、自分で身につけていくものです。

会社は、機会を作ってくれますが、最終的なキャリアの責任は自分にあるのです。

二十五歳で定義した
二十代でほしい仕事のスキル

二十五歳の誕生日直前に、最初の夫と離婚をしたのですが、そのとき、自分がこれから生きていく上で必要なスキルは何か、少なくとも二十代のうちに身につけておきたいものを定義しました。なりたいものもはっきりと決まっていなかったのですが、今後どう転んでも、自分で幸せに生きていけるようになりたいという思いだけで定義しました。

詳しい内容は、二〇〇四年に上梓した『ミリオネーゼの仕事術【入門】』（ディスカヴァー）に譲りますが、そのときに定義したほしいスキルは、以下の四つです。

- 経済的自立
- 頭の使い方
- タイムマネジメント能力
- 支援者を見つける能力

それぞれ具体的に何を得たいのかを明確にし、必要であればプライベートでセミナーや学校に通うなどして知識を得て、仕事の現場で使うことで、自分のものにしてきました。

このように、自分なりに必要なスキルを挙げ、身につけていくことで、自分を育てます。参考までに、経済産業省が平成十八年（二〇〇六年）に主催した産学有識者によるワーキング・グループで定義した「社会人基礎力」＊を挙げておきましょう。

＊出典：経済産業省
URL；http://www.meti.go.jp/committee/kenkyukai/sansei/jinzairyoku/jinzaizou_wg/pdf/003_s01_00.pdf

前に踏み出す力（アクション）：一歩前に踏み出し、失敗しても粘り強く取り組む力

・物事に進んで取り組む力、主体性
・他人に働きかけ巻き込む力、働きかけ力
・目的を設定し確実に行動する力、実行力

考え抜く力（シンキング）：疑問を持ち、考え抜く力

・現状を分析し目的や課題を明らかにする力、課題発見力
・課題の解決に向けたプロセスを明らかにし準備する力、計画力
・新しい価値を生み出す力、創造力

チームで働く力（チームワーク）：多様な人々とともに、目標に向けて協力する力

・自分の意見をわかりやすく伝える力、発信力
・相手の意見を丁寧に聴く力、傾聴力
・意見の違いや立場の違いを理解する力、柔軟性
・自分と周囲の人々や物事の関係性を理解する力、情況把握力
・社会のルールや人との約束を守る力、規律性
・ストレスの発生源に対応する力、ストレスコントロール力

ステージにしたがって必要になってくるスキルセットを知る

次に、マネジメント層に必要な能力についてご紹介します。

こちらは、『マネジメント入門』（スティーブン・P・ロビンス著、ダイヤモンド社、二〇一四年）に、次の三つの要素が定義されているほか、組織の階層によって求められる能力の度合いについても言及されているので参考にしました。

- **コンセプチュアルスキル：仕事を構想し、企画し、戦略を練る力**
- **ヒューマン・スキル：人を動かすための人間関係力**
- **テクニカル・スキル：仕事が要求する専門技術力**

また、シニアマネジメントに上がっていく過程においては、女性リーダーが身につけておいたほうがよいスキルセットを、海外の女性リーダー養成講座から定義していました。

米ゼネラル・エレクトリック（GE）に勤めていたときには、エグゼクティブ・コーチからのアドバイスのほか、自分でもインターネット等で調べたり、社内外のリーダーたちを観察したりして、常に、四、五年先の自分に必要になってくるスキルを考えていました。

たとえば、女性に対する無意識のバイアスなどは、女性マネジメントだから必要な知識で、それをどうやったら乗り越えられるかは、仕事の現場で知識を適用しながら動くことで身につけてきました。

インターネットにはいろいろな情報が載っています。先人たちがすでに定義してくれたスキルセットを参考にしながら、自分に必要なものを考えてみるとよいでしょう。

本書と同時に上梓しました『自由に働くための仕事のルール』（ディスカヴァー、二〇一八年）では、仕事を自由に進めるためのポータブル・スキルについてご紹介しています。

本書でも、これから自身のキャリアアップを目指す女性に向けて、参考にしてほしいスキルを紹介していきます。ぜひ役立てていただければと思います。

自分を育てるとはどういうことか

ここがポイント！

❶ 自由を失わないためにキャリアを考える

❷ ステージにしたがって、必要なスキルセットを知る

成長戦略2

ほしいスキルの育て方

スキルの理論を理解し、日常生活の中に学ぶ機会を組み込む

ほしいスキルが明確になったら、それを身につけるだけです。しかし、忙しい毎日に流されてしまい、やる気はあっても学びにつながらなかったり、少しやってみたけれども継続できなかったりして、気づくと数年経ってしまっている場合もあるでしょう。

どうすれば、ほしいスキルを身につけていくことができるのでしょうか？

スキルを育てていくためには、**そのための理論を理解し、日常生活の中に「学ぶ機会」を組み込むこと**が有効です。

私も、「何年も前に気づいていたのに、なぜあのときにちゃんと勉強しなかったかな」と反省するものがあります。それは、文章を書くというスキル。

気づいた当時、文章を書くことについて、いくつかの本は読んだのですが、読みっぱなしで実践に移すことができず……。結局、それから七年経ったタイミングで、「ヤバいっ！」と焦ることになり、日常的に書くということを強制的にはじめるために、連載を持って執筆することにしました。

学びにつながらなかった理由はいくつかあります。

一つは、**必要だと気づいたときは、他にやるべきことがあり、優先順位を上げなかったから。**

また、**優先順位づけが自分の中で間違っていた**こともあります。仕事の内容が変わっていくことが想定できたにもかかわらず、自分が身につけるべきスキルの優先順位を柔軟に変えていなかったのです。

さらに、日常生活に組み込むことをしなかったため、**仕事としてやらなければ身につかない**状態にありました。

前項の「自分を育てるとはどういうことか」で、自身のキャリアアップに必要なスキルを見つけてほしいことを伝えました。

自身で定義したスキルは、以下の三つの観点で見直していくことが、自分で自分のスキルを育てる上で大切です。

- **どんな優先順位なのか？**
- **それは、今日と半年後で同じなのか？**
- **いずれ必要なものだったら、どうやって仕事あるいは日常生活の中で学ぶ機会を組み込んでいくか？**

本章でご紹介するのは、仕事ではなかなか経験できないけれども、いずれ求められるだろうスキルや、自分が足りていないと認識したほしいスキルを、どのように私が日常生活の中で、学んでいったのかについてです。

まずは、「謝罪」を例に、実際に私が行ってきたことをご紹介しましょう。

ケーススタディ●謝罪のスキルを学ぶ

❶ 謝罪の基準を知る

はじめて会社の公式謝罪なるものを意識したのは、三十代前半に、ジュリアーニ元ニューヨーク市長が立ち上げたリスク・マネジメント研修を受けたときでした。「修羅場研修」と名づけられたその研修では、個人情報漏えいを謝罪する模擬記者会見を体験しました。

それまでは、現場の一要員として、謝罪会見の準備を手伝ったり、製品回収をしたり、回収後のネットでの会社の評判をモニタリングしたりと、現場作業の経験はあったものの、体系立てて謝罪について学ぶ機会がありませんでした。この研修に出たことで、「公式謝罪には方程式があるんだ！」と知ったのです。

さらに、その後転職したGEで、会社がつけてくれていたエグゼクティブ・コーチから、リーダーになると謝罪する機会が増えるので、リーダーの謝罪について学び、スキルを身につけるように指導されました。

そのときに渡されたのが、バーバラ・ケラーマンの「致命傷を戦略的に回避するCEOの公式謝罪はいかにあるべきか」（『ダイヤモンド・ハーバード・ビジネス・レビュー』二〇〇六年八月号）という論文＊です。

＊原文：“When Should a Leader Apologize—and When Not?”（二〇〇六年四月号）
URL；https://hbr.org/2006/04/when-should-a-leader-apologize-and-when-not

この論文では、企業の不祥事において、組織のリーダーが公の場で謝罪する際の正しい方法について論じられています。

その中で、**公式謝罪の指針**として以下が挙げられていました。

公式謝罪の五つのステップ

① 謝罪によって、どのようなメリットが得られるか
② 謝罪によって、誰にメリットがもたらされるか
③ 謝罪の目的は何か
④ 謝罪をすることでどうなるか

⑤　謝罪を拒否するとどうなるか

さらに、**完璧な謝罪の条件**についても言及しています。

① 過失や不正を素直に認めること
② しかるべき責任を果たすこと
③ 謝罪の言葉を述べること
④ 過ちを繰り返さないと誓うこと
⑤ タイミングを逸しないこと

このように、謝罪をするかどうかには基準があり、また条件についてもすでに確立されたものがあるのです。

もし、既存の謝罪フレームワークを知らないのであれば、それを知ることが、リーダーの謝罪について学ぶことの第一歩です。

❷ ニュースで話題の謝罪を分析する

謝罪の基準・条件をベースに、ニュースで話題になっている謝罪を分析してみると、謝罪について自分なりの考えを持てるようになります。私はあらかじめ前述の枠組みを書いた紙を用意して、仕事用のノートにはさんでおき、謝罪ニュースで気になるものを書き出しています。

書き出すことで、自分の考えが整理されていき、人と謝罪について話すときに、自分がよいと思う謝罪がどんなものなのか、考えるベースができます。

たとえば、二〇一四年七月のベネッセ個人情報流出事件＊の謝罪会見のときには、ノートに図表3のようにメモをしました。

＊顧客からの問い合わせにより、個人情報が社外に漏えいしている可能性を認識したベネッセコーポレーションは、二〇一四年六月二十七日より社内調査を開始。調査により、同年七月七日、ベネッセからの漏えい情報であることが確認されたため、七月九日に謝罪会見を実施した。

このほか、メモ欄には、個人情報漏えいのおわびの金額が業界標準で五〇〇円だったことや、当時の社長が発言し炎上につながったフレーズ、自分が感じたことなどを書き残しています。

その後のニュースで、役員交代などの出来事があれば、追記をしています。
　このように自分なりに分析をした後に、人が分析しているものを読んだりすると、自分の頭の中に軸があるので、話を整理しやすいメリットがあります。
　私は参考のために、他の人の分析記事などをこのメモと一緒に保存し、自分が気づいていなかったことや激しく同意したことなどがあれば、ハイライトしています。

❸ 自分だったらどう謝罪するか考える

　さらに一歩進めるために、自分だったらどう謝罪をするかを考え、メモしておきま

図表3 ベネッセ個人情報流出事件に関する筆者ノート

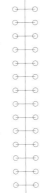

Framework

1: **謝罪によって、どのようなメリットが得られるか**
うまくやれば公式謝罪で難局を乗り切れたはずが、乗り切れなかった。日本社会が求める「反省」をしていることは見せられるものの、中長期のフォローが無い限り、許してはもらえない。
原田さんをはじめ、マネジメントの「態度」にも落ち度があった点は否めない。

2: **謝罪によって、誰にメリットがもたらされるか**
会社組織、関係者全体

3: **謝罪の目的は何か**
戦略的

4: **謝罪をすることでどうなるか**
本来であれば怒りはおさまり解決に向かっただろうが、言葉尻等を捉えられて炎上。
最終的にトップ交代とまでなった。(2016年追記)

5: **謝罪を拒否するとどうなるか**
謝罪が遅れていれば、状況はさらに悪化しただろう。
タイミングは良かったはずだが……

Perfection

1: **過失や不正を素直に認めること** ○

2: **しかるべき責任を果たすこと** △
500円金券／こども基金で炎上
260億円もの資金を出すという点は、
消費者には訴求しきれていない。

3: **謝罪の言葉を述べること** ×
言葉は述べたが、原田さんのモノいいにクレームが多数ついた

4: **過ちを繰り返さないと誓うこと** ○
対応について出している
→その後もきちんとフォローして発表している。プレスリリースとウェブサイトで対応を発表し、アップデートしている。

5: **タイミングを逸しないこと** ○

memo:
謝罪の完璧な条件を満たしているように見えるが、自社設立のこども基金にした点、原田さんの自分たちも被害者的な発言などが消費者の怒りを買って炎上。細かいところまで配慮し行動・発言できるかが炎上しないキーポイントとなりそう。

す。後から謝罪案件の状況をアップデートしたり、そのときに感じたことや思ったことを記したりしておくと、後々、意見や判断を求められて、このメモを見直したときに、当時のことを思い出しやすくなるメリットもあります。記憶にタグづけをするのです。

たとえば、二〇一七年六月に起きた、金子恵美氏の公用車による保育園送迎問題＊の件は、「私だったら、自ら謝罪はしなかった。総理をはじめとする党本部と総務省への根回しをもっときちんとやり、女性の働きやすい社会を作る」とメモに書いてありました。

＊金子恵美総務政務官（当時）が、二〇一七年六月二十九日に、一歳の長男の保育所への送り迎えに公用車を使ったことを週刊誌が報道し、批判が集中した問題。総務省は「ルール上は問題ない」としたが、金子議員が今後、公用車に子どもを乗せないと、謝罪したことで決着した。

本書の「女性リーダーに対する無意識の罠を知る」（一五四ページ～）では、ダブルスタンダードや無意識のバイアスについて解説していますが、女性で要職についている人は、男性よりも攻撃の対象になりやすい傾向があります。

今回のような男性があまりしないこと（保育園への送迎）を、ポストにひもづいた特権を利用して行うと批判される可能性が高いのは、あらかじめ考慮しておくべきことでした。

東京都議選の前であれば、自民党つぶしのネタになるものは、なんでも食いつかれるのも容易に想像ができるでしょう。

幼子を抱えた働く母として、子育てをしながら、仕事で結果を出すならば、一分一秒無駄にはできない。自分に与えられた公用車というリソースの使い方を確認し、問題ないので保育園の送迎に使ったという金子議員の説明通りであるならば、この点について謝罪すべきではありません。

金子議員は最終的には、保育園にはベビーカーを使って徒歩で送り迎えをするということを表明されましたが、仕事と子育ての両方で結果を出すために、最善の解決方法だったのでしょうか？　この謝罪と

写真１　金子氏のくだんの筆者のメモ

解決法には、大いに疑問が残りました。

彼女が謝罪すべきだったのは、働く女性が直面している課題に対して、適切な根回しをせず、批判されるだろう行為をしたことでしょう。総理をはじめ、自民党幹部に、「これは一億総活躍社会の実現に向けて必要なことです。ご理解の上、援護射撃をしてください！」と頼んで回って、味方に引き込み、自分が働きやすい環境を作る事前準備が必要だったと思います。

それが、彼女の後を行く働く女性たちの未来にもつながり、道義的な解決となるからです。

公式謝罪の五つのステップ③で「謝罪の目的は何か」を検討する際には、戦略としてやるのか、道義としてやるのかの二点を考えます。このケースでは、道義的としてとらえたほうが、個人としても、組織としても、そして社会としてもプラスとなる謝罪になったと思いました。

このようにして、私は日々の時事ネタを練習台にし、シニアマネジメントとしての謝罪方法について学んでいきました。本当の有事には、リスクコンサルタントをはじめとしたプロに相談しながら謝罪をするかどうかを決め、謝罪することになるでしょう。しかし、プロを有効活用するためにも最低限の知識を持っていなければ、有事にいい結果を出すことはできません。

このような練習はいざというときに、自分の身を助けてくれることになると思っています。

繰り返しになりますが、自分で自分のスキルを育てるには、ほしいと思ったスキルをどうやって獲得していくか、仕事で獲得するのか、それとも仕事ではなくプライベートの場で獲得するのかをまず考えます。そして、**プライベートで獲得していくのであれば、日常生活の中に学ぶ機会を組み込む**ことが、継続のポイントになります。

ほしいスキルの育て方
ここがポイント！

❶ ほしいスキルの優先順位を考える。ただし、仕事内容など状況の変化に応じて優先順位はフレキシブルに変える

❷ ほしいスキルが定まったら、まず理論を理解し、次に、仕事や日常生活の中に学ぶ機会を組み入れることで、自分のものとしていく

成長戦略3

過去・現在・未来から、戦略的に自分を育てる

未来を予測し、キャリアを考える

新卒でハードウエアメーカーに、「インターネットのアプリケーション・エンジニア」として入社した私は、ほどなくしてあることに気づきます。

それは、配属された部署でその仕事をしている分には人材価値はあるけれども、スキルの幅が狭すぎてほかの部署では使えないため、キャリアパスの選択肢はほとんどないという事実でした。

入社後も「いずれは専業主婦になるから、それまでの腰かけ期間」と思っていた当時の私は、経験もスキルも積み上げていこうという積極的な意志を持っていませんでした。

だから、自分の責任なのですが、入社から二年経った頃、上司から「セカンド・キャリア・プログラム」なる名前だけはカッコいい退職勧告を受けて、転職することになりました。

その頃から、「**どの業界のどの会社で、どんなキャリアを選択すれば、労働市場において生き残る確率が高くなるのか？**」を考えるようになりました。

新卒で入社したハードウエアメーカーを退社する少し前に離婚もしたので、「専業主婦になる」という夢はなくなり、「これからずっと稼ぎ続けられる仕事は何か？」も考えるようになりました。**誰かに頼るのではなく、自分で自立していくために、自分が死ぬまで食うに困らぬキャリア**を作りたかったのです。

声楽をやっていた私は、当時、音楽家としてのキャリアも諦めてはいませんでしたが、音楽家だけで自分が死ぬまで稼ぎ続けるのは難しいこともわかっていました。クラシック業界はどんどん縮小していっていたからです。

十代の頃は、ホテルのラウンジやレストランなどでピアノの生演奏のバイトもしていましたが、自動演奏器が出てきて、仕事を奪われるという経験もありました。「ミスタッチはないし、知らない曲なので弾けないとか断らないからね」とオーナーに言われてバイトを失ったときには、「デジタル時代がこんなところに到来したのか⁉」と絶望しました。今から三十年も前の話ですが。

また、「勤めていた外資系企業がＩＴ部門の一部を海外に移転するので、転職をしなければいけなくなった」という、私が社会人となりキャリアを積んできたこの二十年間に、とても多くなってきた仕事のなくなり方を、友人から耳にしはじめたのもこの頃です。

そのため、私は以下の五つの質問を常に自分に問いながら、キャリアを考えてきました。

・海外に外注、または社内でも部門が海外に移転される可能性がある仕事は何か？

前述した、この二十年間で多くなってきた仕事のなくなり方です。

次のＩＴに奪われる可能性のある仕事とも共通します。

・ＩＴに仕事を奪われる可能性はないか？　人間に残る場合は、何が差別化のポイントとな

るか？

給与計算、経費処理、社内ＩＴなどは、どの国でやっても業務内容は大きく変わらず、コストが安い国に移転・アウトソースされたり、ＩＴサービスに代替されたりしやすい領域です。

・子会社化されて、切り離される可能性のある仕事は何か？

企業の「本業」は時代とともに移り変わり、メインビジネスでなくなるものは、子会社化されて、切り離されていく可能性が高いです。たとえば、施設管理などがそれにあたるでしょう。

・国内に市場はあるか？

市場はどのタイミングで停滞し、減少していくのか。

特に、日本市場全体が成熟に向かっている中で、成長している市場、停滞・衰退していく市場が何かを見極め、伸びる市場へシフトするか、停滞・衰退していく市場で生き残るすべを見い出すかのいずれかが必要となります。

・グローバルに伸びる市場は何か？

日本市場が伸びなくとも、海外市場で伸びていれば、会社の経営は成長方向に持っていけます。あるいは、海外に出て、グローバル需要の高い仕事や業界に行くことを視野にスキルを身につけておくこともできます。

これらはすべて「未来」の仕事とキャリアを考える上で必要な問いです。問いにこたえるために、いくつかの勉強をしなくてはいけないでしょう。

たとえば、未来を予測した資料などをあたって、複数の資料が伝えていることにどのような共通点があるのかを見つけようとしながら読んでいくと、今後どんな技術が発達し、どんな分野が伸びていくのかが、おぼろげながらに見えてきます。

「ＡＩが人の仕事を奪う」「人生一〇〇年時代」などについては、この何年か非常に話題となっています。

これをどう解釈するかは、個々人で違うと思いますが、「十年、二十年先の未来はどうなっているのだろう?」「そのとき自分はどんなところでどんな仕事をしているのだろう?」と考えてみると、今と同じではないことに気がつくはずです。

未来に関する本や資料にあたるのは少しハードルが高いと思う人には、映画がお勧めです。近未来を描いた映画はたくさんあります。

作り話ではありますが、「こんなことが起きるかも?」という想像力は刺激してくれるでしょう。

少し古い映画ですが、一九八五年に公開されたアーノルド・シュワルツェネッガー主演の「ターミネーター」や一九八二年に公開されたハリソン・フォード主演の「ブレードランナー」は、ロボットを題材にした作品です。

ターミネーターは、二〇二九年の未来から来た設定です。「二〇二九年って、どんなんだろう?」「ロボット産業が伸びているけれど、どこにどうやって使われていくんだろう?」と考えるヒントをくれますし、ブレードランナーは、「人間とロボットが共存するとはどういうことなのか」を考えさせられます。二〇一七年にブレードランナーの続編「ブレードランナー2

０４９」が公開され、二〇四九年の未来が描かれています。
こうした未来をテーマにした映画を見ながら、未来を考えてみるのもいいでしょう。

未来は、過去・現在の先にしかない

未来から想定して、必要なスキルを考えるのはとても大切なのですが、稼ぎ続けていくという観点で、もう一つ私が大事にしているのは、**自分の今までのキャリア・スキルの上に未来を積み上げる**ことです。

今までとは全然違う領域でキャリアを積み上げるには、とても大きなシフトが必要です。もちろん、その大きなチャレンジをいとわずにやれるだけのエネルギーと時間とお金がある人はぜひ挑戦してみてほしいのですが、特にライフイベントが多い女性の場合は、そのシフトが難しい場合もあります。

たとえば、私の友人に、ＩＴエンジニアから、医者に転身した人がいます。
彼は、三十歳を過ぎてから、どうしても医者の道に進みたいと思い、会社を辞めて、医学部を受験するための予備校に通い、医学部を受験し、合格しました。

医学部受験の間は、生活費を少しでも下げるため、実家に戻ったそうです。六年間の医学部を経て、国家試験を受け、二年間の研修をこなしました。その後、三年間の後期研修を受け、認定医となっています。

彼は、三十代のすべてを勉強に費やしたと言っています。

医学部にいる間の六年間の授業料と生活費を、二十代の間に貯めていたからこそできたことでもあります。

十年の年月をキャリアシフトにすべて投入した特殊事例かもしれませんが、大きくシフトするには、このくらいのエネルギーが必要なのです。


もう一人の友人は、企業で通訳・翻訳家として働きながら、将来のキャリアシフトを考え、海外の大学の通信講座に入学。八年をかけて教育関連の学士と修士号を取得し、定年と同時に、配偶者を日本において、単身三年間留学し、博士号を取得しました。帰国後は、教育関連の仕事に就いています。

この方は、会社員の仕事をしながらだったので、修士号取得に時間がかかったことや、子どもも介護する両親もいなかったので、自分の時間とお金を、自由に自分のためだけに使えたからできたのだと言っていました。

仕事をしながら、学士・修士号を取るには、気力も必要です。

私は、社会人をしながら、大学院の博士課程に通いましたが、気力も根性もモチベーションも続かず、仕事が忙しいことを理由に五年在籍した後に中退したため、この友人をとても尊敬しています。


この二人はよい転身の仕方をした事例ですが、まったく違う領域への転身がうまくいかなかった例もご紹介しましょう。

企業でリサーチ業務をしていた友人が、カラーセラピストになりたいと資格を取り、独立しました。

本人は会社員時代の蓄えがあるから大丈夫と言っていましたが、三年後、顧客ベースがないのに独立して大丈夫なのかと多くの知人が心配した通りの結果に。

貯金も底をつき、派遣社員として大幅に給与を落として働いています。

今までのキャリアとスキルの上に未来を積み上げる方程式

時間・お金・エネルギーなど多くの投資をせずにキャリアを広げたり、シフトしていったりしようとする場合は、今までの自分のキャリアとスキルの上に、未来を積み上げるほうが確実です。

「コアとなるスキル」×「スキルの深さ」×「領域の広さ」

この三つの要素をかけ合わせて自分のキャリアを考えていくと、過去・現在の先に未来の自分を育てていくことができるでしょう。

・**「コアとなるスキル」**

過去、そして現在、自分はどんなコアスキルで仕事をしているのだろうか？

私の場合は、ＩＴ、科学技術、グローバル、経営戦略、事業開発がコアスキルです。

・「**スキルの深さ**」
どれだけ深いスキルを持っているだろうか？

事業開発の場合、三つの領域がある。M&A、事業再生、新規事業開発。

私はこの中で、新規事業開発のスキルが一番深く、次にM&Aと事業再生の領域の経験・スキルがある。深さがそれぞれ違う。

・「**領域の広さ**」
どれだけ広い領域に自分のスキルを広げていけるだろうか？

私の場合は、もともとITの領域にいたが、その後、製薬、バイオテクノロジー、重電機、エネルギー業界などにも活動領域を広げていっている。


この三つのかけ算を考えることで、自分の未来を進化させていけるのです。


私の別の友人を例にしましょう。

彼女は、IT企業でインストラクターとして仕事をした後、出版社に入社して編集者に転身しました。

このときがとても大きなシフトで、大学時代に全国紙の学生記者を経験していたから転身できたのだろうと言っています。

出版社では、新雑誌の立ち上げをしたほか、新規事業の創出やスタートアップを支援する解説書や、イノベーション創出についての解説書を手がけるなど、新しい事業を創ることをメイン領域にして仕事をしてきました。

その後、独立をしたのですが、「インストラクターとして教えるスキル×編集者としての編集スキル×事業を生み出すサポートをするスキル」をコアに、「人に伝える文章を書くこと」をいろいろな業界の人にコンサルティングしています。

過去の自分の中にあるコアスキルを、未来に広げていっているのです。

一見関係のなさそうな領域でも、コアスキルが共通しているケースもあります。

たとえば、私は声楽家としても活動をしていますが、舞台やコンサートを創る仕事と、企業における事業開発に求められるスキルやプロセスには共通点があります。

具体的には、作りたいものを可視化し、関係者に共有し、賛同者を集め、巻き込んで、現実のもの（舞台であったり事業）にしていくというプロセスが同じであるため、全体像をつかみ、細分化して、再構築するなど、使っているスキルが同じなのです。

このように、**今まで自分がやってきているものを棚卸ししてみると、コアスキルが見えてきます。**

その上で、どの部分を未来に向けて広げていくのかを考えれば、ものすごく大きな投資をしなくとも、キャリアシフトやキャリアの拡大は可能です。

・自分の過去・現在を構成しているものは何か？
・どんな未来があって、そこに向かっていくにはどんなスキルが必要なのか？

この二つを客観的に見ていく中で、自分を育てるポイントも見えてくるでしょう。

過去・現在・未来から、戦略的に自分を育てる

ここがポイント！

❶ 未来を予測し、死ぬまで自立して生きることのできるキャリアを考える

❷ これまでのキャリアとスキルの上に、未来を積み上げるほうが確実

❸ 自分の過去・現在を構成しているコアスキルは何か？
どんな未来があって、そこに向かっていくには、どんなスキルが必要か？
この二つから、自分を育てるポイントを見つける

成長戦略のまとめ

この章では、成長戦略の立て方を三つの観点から解説しました。

1 自分を育てるとはどういうことか

2 ほしいスキルの育て方

3 過去・現在・未来から、戦略的に自分を育てる

女性が、未来の選択肢を狭めることなく、育児・介護・病気などを乗り越えて自由に自分らしく生きていくためには、ライフ・キャリアプランに合ったスキルや経験を磨いておくことが求められます。

会社は機会を作ってくれますが、最終的なキャリアの責任は自分にあるということを忘れずに、戦略的に自分を成長させていってください。

第2章

ステップアップするための
イメージ戦略

イメージ戦略とは、人から「どう見られたいか」というセルフブランディングであり、これを考えることはリーダーにとって重要な責務です。

「この人に会社を任せたい。この人に事業を任せたい」と、経営陣にも周りにも納得してもらえていないと、上のポジションには上がれません。

本章ではイメージ戦略を次の３項目で解説します。

1 地位・場面・目的に合った服装を戦略的に考える
2 親近感を高めながら威厳を作る
3 シニアマネジメントとしての「存在感」を身につける

イメージ戦略I

地位・場面・目的に合った服装を戦略的に考える

出世に必要なのは、実務能力よりファッション？

「服の選び方とキャリアアップなど関係ないのでは」と思われる方も多いかもしれません。

しかし、私が外資系企業で本部長職に就いた後は、イメージ戦略に関してとても細かい指摘を受けました。ここで言うイメージ戦略とは、具体的には、**服やアクセサリーなどをどう選んでいくのか**ということ。これは私にとって非常に驚きでした。

これから、そのときの経験を中心に、女性シニアマネジメントに求められるイメージ戦略についても説明したいと思います。

私が外資系企業で、本部長職に就任したその日に、社長から呼ばれました。就任を祝ってもらえるのかと思ったら、第一声が「なぜその服を選んだのか？」でした。そして、その後、「**人に使われる格好ではなく、人を使う格好をするように**」と言われたのです。

ショックでした。二十代からプロフェッショナルに見えるように、先輩の勧めるスタイリストサービスを使ったりして、服装には気を使っていたほうだと思っていたからです。それでも、本部長職には見合わない服装だったのか……。

ショックを受けて何も言えない私に追い打ちをかけるように、社長は次の比率を言いました。

- **実務能力　　一〇%**
- **イメージ作り　　三〇～四〇%**
- **顔を売ること　　五〇～六〇%**

この数値は、当時の社長の経験則によるものですが、メラビアンの法則＊をベースとした

「7－38－55ルール」など、人は見た目で判断されることが多いという研究はあります。

＊メラビアンの法則は、人物の第一印象は見た目などの「視覚情報」から受けることが多いというもの（言語情報が七％、聴覚情報が三八％、視覚情報が五五％）

イメージ作りや顔を売ることが、実務能力を磨いていく以上に、〝シニアマネジメント〟として仕事で評価を得るポイントだったのです。

部長職までは、組織の中で〝脇役に徹するファッション〟をベースとしたイメージ戦略でよかったかもしれない。けれど、シニアマネジメントとして、会社の経営層として、会社の顔として外部と折衝するという新しい役割をこなしていくには不十分だということを指摘された出来事でした。

イメージ作りには、表情やしゃべり方も含まれますが、服装が大きな役割を果たします。メラビアンの法則からしても、九三％を占める非言語（立ち振る舞い・表情・話し方・服装）の領域を強化する必要があります。

私の場合は、社長から呼び出されて、イメージ戦略についての課題をもらったわけですが、実際にどうしたらいいのかわからず、一部上場企業の役員を務める先輩をはじめ四名のシニアマネジメント（男性）に電話で相談をしてみました。しかし、彼らは口をそろえてこう言いました。

「男は、決まりきったスーツだからそれほど苦労しないんで、女性のことはよくわからない。女の人に相談したほうがいい！」

そこで、女性のシニアマネジメントにヒアリングしてみました。一人は、アメリカの大手会計事務所ではじめて女性パートナーとなった方、もう一人は日系メーカーの副社長をしている方でした。

ところが、二人からは、「今だって何を着ていいかわからなくって試行錯誤しているから、いい方法があったら教えてね」と逆に言われてしまいました。

その後も、起業家の女性社長の方に話を伺いましたが、大手メーカーとベンチャーでは働く環境も求められる服装も違うとわかり、あまり参考になりませんでした。

そんな状態で一ヵ月近くが経とうとしたある日、エグゼクティブ・コーチがついたと人事から連絡をもらったのでした。

エグゼクティブ・コーチとは、企業の経営幹部が適切なビジネス判断をするためのコーチングを行ってくれる人です。私のコーチは、グローバルの著名な社長・会長のコーチをしていて、自身も大手企業の役員経験がある女性でした。

エグゼクティブ・コーチに服装の相談をしたところ、宿題が出されました。それが、「コンドリーザ・ライス氏は、どのように服装を選んでいるか、調べてレポートを書くように」というものでした。

お手本となる人の服装を分析する

「コンディファッション」と一時有名になった、元アメリカ国務長官のコンドリーザ・ライス氏は、実にうまくファッションを使い分けていました。彼女のファッションは、グーグルの画像検索を使えばすぐに調べられます。黒、グレー、ベージュを基本に、必要に応じて、白、赤、紫などの色を使っています。

たとえば、二〇〇五年~二〇〇七年にかけての、パレスチナ訪問では、グレーを基調としたパンツスーツを選んでいました。私の考えでは、パンツスーツを選んでいるのは、ムスリムの人たちを意識して、肌の露出を避けたのでしょう（写真2）。マニッシュ（男性的）でコンサーバティブなスタイルは、男社会に溶け込む服装です。

また、グレーを選んだのは、パレスチナとイスラエルの仲介役としての任務を果たすために、

写真2　パレスチナのアッバース大統領と会談のためイスラエル入りしたコンドリーザ・ライス氏（二〇〇七年八月一日）Photo／Getty Images

黒・白どちらにもよらない、「グレー」という色を使ったのではないでしょうか。

二〇〇五年〜二〇〇六年の中国訪問の際には、パレスチナ訪問の際とは異なり、フェミニン路線で、しかも、赤を基調とした色を使っていました。その当時は、対北朝鮮交渉や台湾問題に対して、アメリカは強硬姿勢を取っており、緊張感の高い状態が続いていました。

フェミニン路線を打ち出したのは、正統派であることを示す狙いがあったのでしょう。アメリカの立ち位置を明確にするだけでなく、リーダーとして、そして、中国で好まれる「赤」を使うことで、アメリカ側の主張を明確に打ち出したのです。

ライス氏の服装を分析し、その分析結果をエグゼクティブ・コーチと議論することで、女性のリーダーとして求められている服装はどういうものなのかを学んでいきました。

マニッシュとフェミニンを使い分ける

拙書『考えながら走る』（早川書房、二〇一三年）にも書きましたが、基本的に私は**コンサーバティブスタイルを推奨**しています。個人的には「KEITA MARUYAMA」をはじめとする個性的なファッションが好きですが、日本国内でも仕事では基本的にコンサーバティブで通しています。

理由は、日本以外の国でも働いてきている中で、欧米や日本ではさほど問題にならないちょっとした発言や装いで不審を買ってしまった経験があるからです。**まだまだ女性のシニアマネジメントは少なく、服装上のちょっとしたことで反感を持たれることもあります。**

よく知っている方々との会合では比較的崩しがちですが、初対面の人がいるであろう場では、コンサーバティブ。**オシャレ度が足りないと思われても、コンサーバティブな服装に難癖をつける人はほとんどいません**＊。

＊ただし、筆者は重工業系メーカー出身です。ファッション性の求められるアパレル・サービス系の業界には、本書の内容は適切ではない可能性があります。

エグゼクティブ・コーチからの指導を受け、自分が着る服は、図表4の中のどこなのかを考えるようになりました。

そして、時と場に合わせて、フェミニンなスタイルだけではなく、マニッシュスタイルも取り入れるようになっていきました。

「今日は、自分が目立つ必要があるのか？」

「今日は、完全に溶け込んでしまったほうがいいのか？」

「今日は、どんなメッセージを発信したいのか？」

などの視点を持って、パンツスーツを選ぶのか、スカートスーツを選ぶのか、あるいは、ワンピースにジャケットスタイルにするのか、を決めていきました。

図表4　マニッシュとフェミニンの使い分け

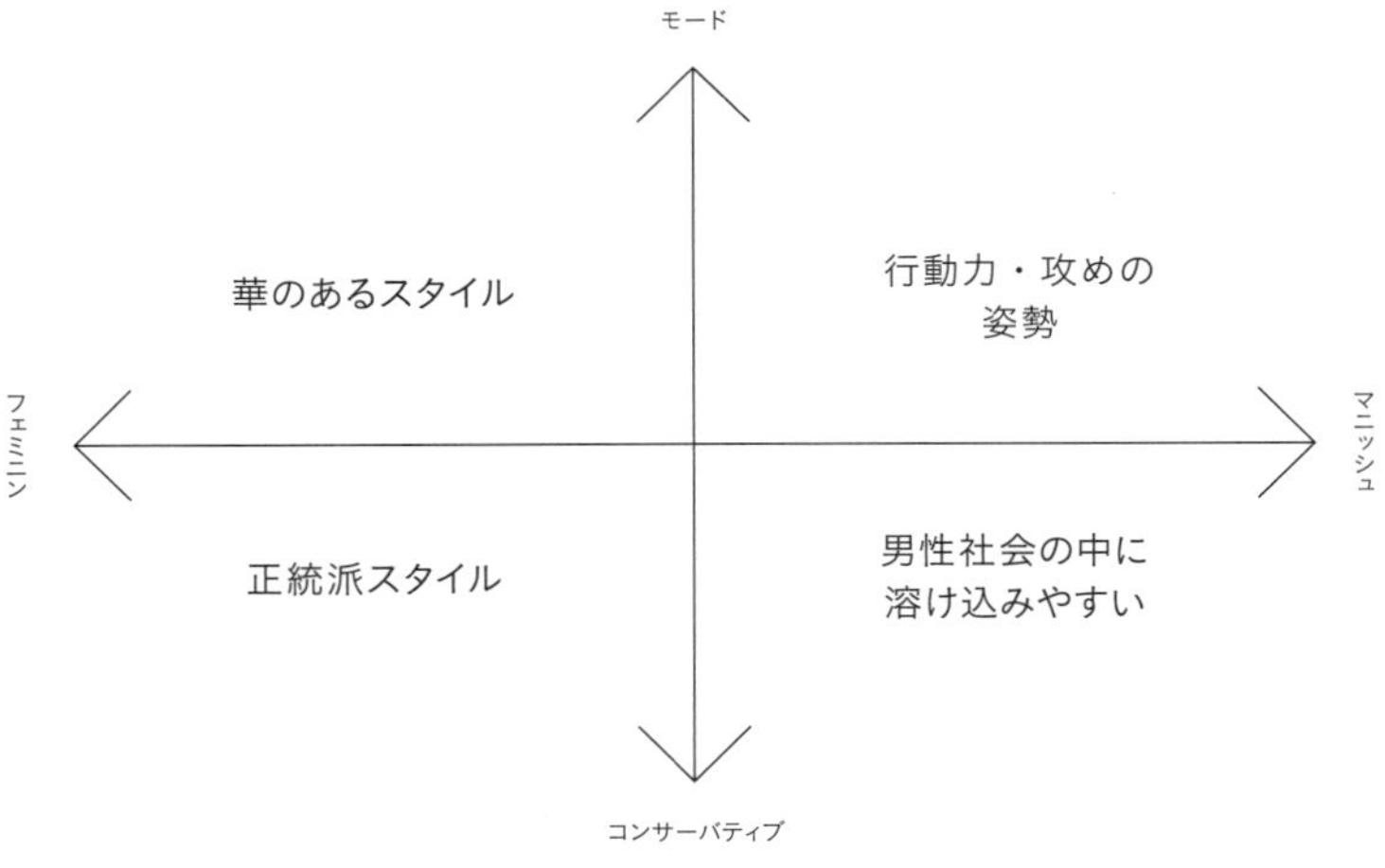

図表5　主なファッションブランドの位置付け（筆者の個人的な印象をもとに作成）

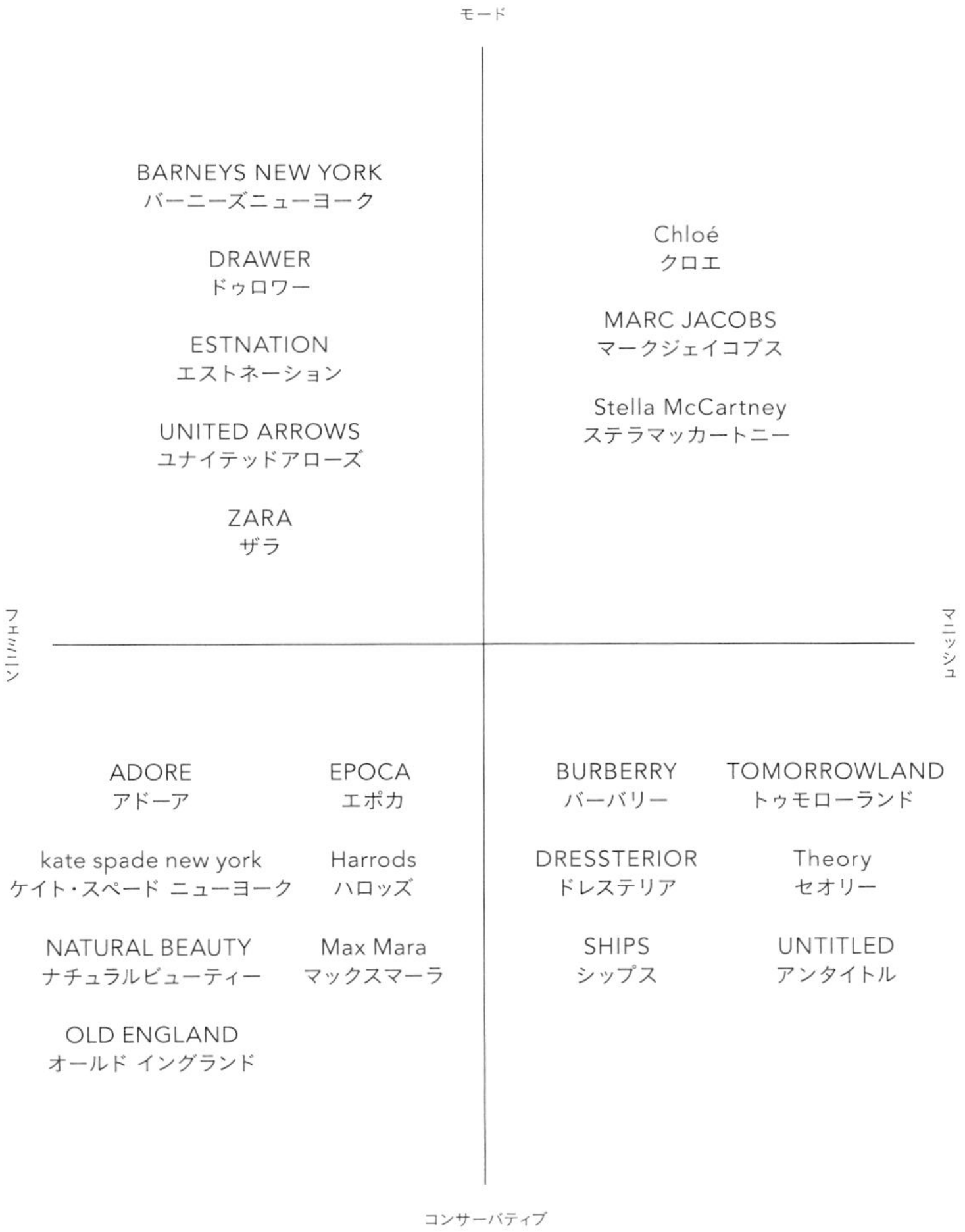

毎週金曜日に、翌週一週間着る服を紙に書き出す

いつ、何をどう着たらいいのかの基本を学んだ後は、実践でした。

毎週金曜日に、翌週の一週間に着る服を紙に書いて、エグゼクティブ・コーチに送っていました。

まず、図表6のようにマスを作り、**月曜〜日曜までの午前と午後の大きな会議やスケジュール**を書き込んでいきます。

次に、その日に**何を着るのか**を書き込み、さらに、**なぜその服を選んだのか**の理由を書き出します。

図表6 服装の予定表

	月	火	水	木	金	土	日
朝							
昼							
夜							

私が持っている服は、すべて写真でエグゼクティブ・コーチに提出してあったので、ブランド名とだいたいの服の絵を描くと、どの服を着るのかがわかるようになっていました。

たとえば、写真3の週の日曜日は、エンターテインメント企業の社長との会議の後、社長とともにホテルでの業界内のパーティに参加するというスケジュールでした。

午前中は、エンターテインメント企業の社長に合わせて、少しカジュアル目なシルバーラメなどが入ったグレーのニットスカートに、エグゼクティブとしてキッチリし

写真3　実際にエグゼクティブ・コーチに送っていた予定表
出張時は、一枚の用紙で服装のスケジュールを作っていたため、マスが普段よりも多くなっています。

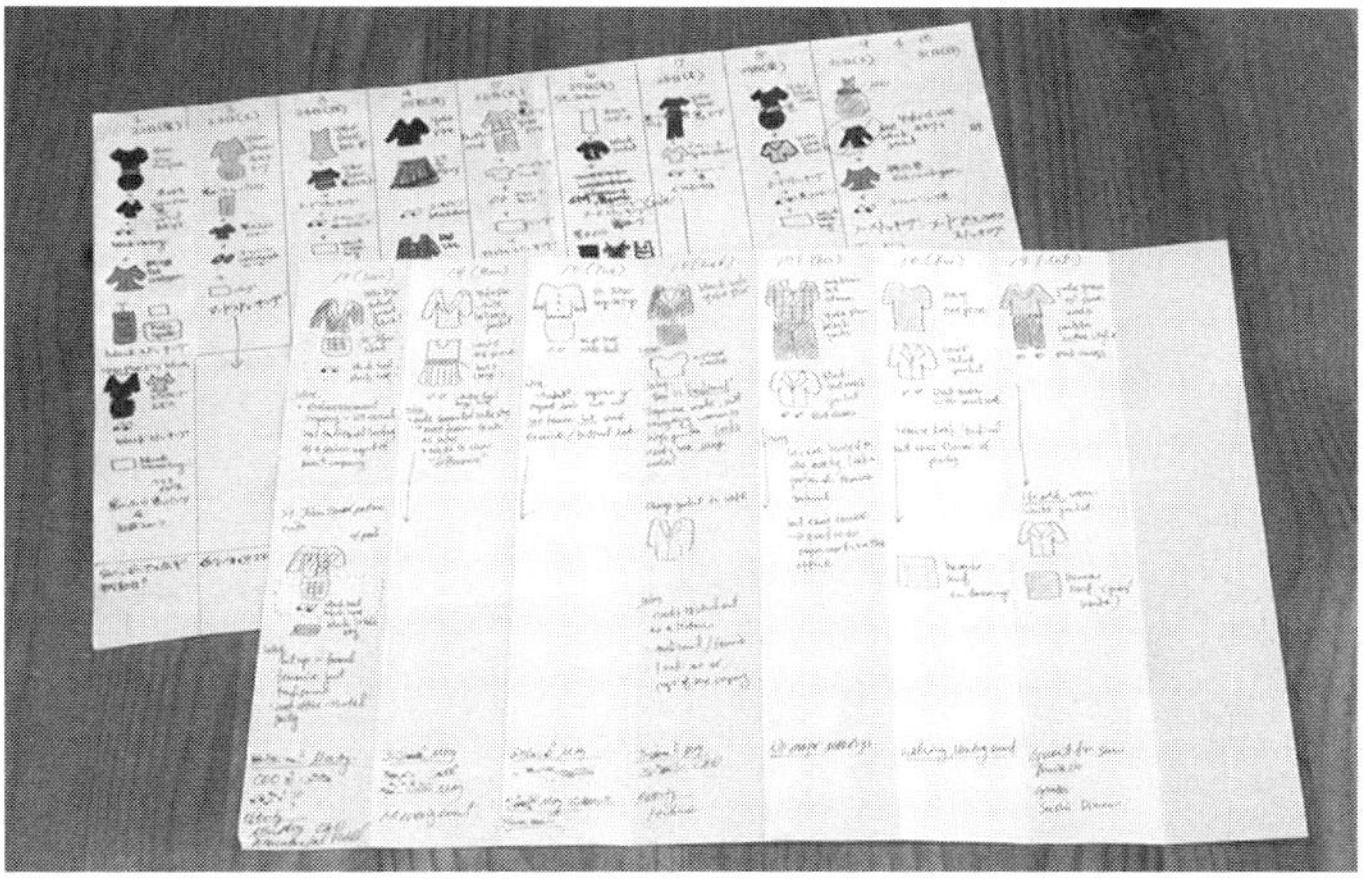

た印象を持たせるための黒のテーラードジャケットを着用しています。
そして、午後のホテルでのパーティに出席する前に、ジャケットを変えて、ホテルという場にふさわしい少し華やかな洋装にしました。

このように、**「誰と会うか、どういうミーティングか、場所はどこか」という情報をもとにして、「こういう理由で、この服を着ていく」と、服装を明確にしていく**のです。

これをエグゼクティブ・コーチに提出すると、ダメな場所には、×がつけられて戻ってくるので、なぜ×がついたのか、そして、どうしたらいいのかを考え直し、コーチに報告した後に、紙を書き直しました。
たとえば、写真3にある下の紙は、写真ではわかりにくいかもしれませんが、一番左側の金曜の午前は×がつけられたため、紙を貼り直して修正しています。

出張の場合には、移動日に何を着るかも含めて書きます。途中パーティがある場合などは、午前・午後・夜に分けて作ったものもあります。

出張に行く前には、これを見ながら、洋服をスーツケースに詰めればいいので、服に悩まず非常に便利です。

また出張先では、この紙をクローゼットに貼っておいて、朝から服に迷わずに、さっと準備ができました。

私も最初は、「ここまでやるのか!?」と驚きました。

しかし、この指導をしてもらったおかげで、ファッションを戦略的に考えられるようになりましたし、朝の服選びで無駄に時間を費やすことも減ったと感じています。

また、その後、たとえば若い女性を対象にしたミーティングなどでは、「あんな高い服は私には買えないから、この人は私のロールモデルではない」などと思われることを避けるために、あえて高すぎない服を着ていくなど、場所・目的・対象に応じた服装戦略を都度、考えるようになりました。

いろいろな人を分析してみる

ライス氏を分析するように指導されてから半年ほど後に、次に、フランスの政治家のセゴレーヌ・ロワイヤル氏を分析して、その要素をどうやったら取り入れられるか考えるようにと、指導を受けました。

「**どう見られるかは国によって違う**」というのが、グローバルな企業では通説です。

アメリカでは男性的な側面があってもいいのですが、**日本もヨーロッパも女性は女性らしくという意識が強い面があり、必ずしもアメリカ的なやり方がいいわけではない**からです。

実際、私の過去の経験でも、アメリカで受ける格好は、必ずしも日本では受けません。日本をはじめ、アジアやヨーロッパでも仕事をしていたことから、文化差を踏まえて、適切なリーダーとしてのイメージ作りをすることを求められました。

ロワイヤル氏のファッションの特徴は、**ベージュやブラウンなどの上品な色**です。柔らかい印象を持たせながらも、エグゼクティブとしてしっかりとしたイメージを残せるように、デザインにこだわったり、**ツイードやシルクサテンなどの素材にこだわったりしている**ところがポイントです。

ベージュやブラウンは、男性のビジネススーツにはない色なので、使い方を誤ると、男性中心の組織では浮くことになりますが、うまく取り入れると、〝女性らしいリーダー〟というイメージを確立できます。

また、**ダークな色（黒・紺・グレー）しか着ないという人でも、インナーに柔らかい素材を持ってくると、フェミニンになります。**

写真４　フランス大統領選に落選直後のセゴレーヌ・ロワイヤル議員
（二〇〇七年四月二十二日）Photo ／ Aflo

ロワイヤル氏のスタイリングでは、黒・紺などのベーシックなダークカラーを使う場合でも、マーメイドラインのスカートを選んだりして、フェミニンさを出しています。女性のリーダーとしての自国の文化を考えたイメージを強く意識されていることが見てとれます。

写真5　訪日したオバマ大統領を羽田空港に見送りに来たキャロライン・ケネディ駐日米大使（当時）（二〇一四年四月二十五日）
Photo／Getty Images

日本にいる女性のファッションなら、キャロライン・ケネディ元駐日米大使が日本にいたときの服装を参考にするとよいでしょう。地政学、ビジネスなどさまざまな知識をベースに、リーダーとしてのイメージ戦略に成功しており、お手本になると思います。

私は、国内外の女性リーダーの服装だけでなく、仕事先や街中で見かける女性の服装も分析するようになりました。

「日本の女性はどのような服を好むのか？」「日本の男性はどのような服装に嫌悪を感じるのだろうか？」など、日本の今の文化に適したイメージ戦略のベースとなる情報を収集するようになっています。

「仕事における女性の服装」に関する雑談も増えました。

不快な事例として、日本人の老若男女問わず挙げられるのが、**「胸の開きすぎ」「足の出しすぎ」「腕の出しすぎ」**と露出に関することです。

中でも、「胸の開きすぎ」は、目のやり場に困ることや、後でセクハラと言われたらどうしようと危機を感じる、女を武器に使っているんじゃないかと勘繰ってしまうなど、多くの人が不快感を抱くもののようです。アメリカの服を多く着用する私は、胸が大きく開いた服があるので、下にチューブトップを着用するなど、開きすぎは気をつけるようにしています。

また、夏が暑い日本では、「**透けて見える**」のが気になるという声も多く聞きます。暑いとどうしても薄着になりがちですが、他人に不快感を与える格好はどのようなものかも、人の格好を見ながら考えてみると、参考になるでしょう。

最後に、「**フェミニン**」と「**セクシー**」**は違う**ということを書き添えます。

フェミニンとは、女性らしいことを指し、優雅さや柔らかさや優しさなどを表現するときに使われています。一方のセクシーは、色っぽさや性的な魅力があることです。堅い仕事の場では、脚が露出する超ミニのスカートや胸の開いた服は、不快と感じてしまう人が多いようです。性的な側面が大きく出てしまうからです。

ただし、**フェミニンといっても**、「**女性らしさ**」**であって**、「**女の子らしさ**」**ではない**ことにも気をつけましょう。リボンやフリルなどのかわいいモチーフは、幼稚な印象を与えます。

どこで、いくらぐらいの服を買うべきか？

こういう勉強をはじめてみると、自分が今持っているスーツやインナーだけでは、到底会社が求めるレベルに達しないということに気づきました。

そのため、私は緊急で買う必要があるもの、お金に余裕ができたら買うもののリストを作って、買い物に励みました。また、ブランドをあまり知らなかったので、図表5のようなブランドマップも作成していきました。


では、スーツ一着にどの程度投資したらよいのでしょうか？

エグゼクティブ・コーチからは、「**上司の着ている洋服の八〇%くらいの服を着ること**」「**スーツ一着に年収の一%は出す。けれど二%は出しすぎ**」とアドバイスされました。


当時の私は、メーカーの社員です。外資系なので収入は平均より高めだったと思いますが、洋服代に大量にお金を注ぎ込めるほどの額はもらっていません。

みんなどうしているんだろうと悩みながら、最初の一着は、日本のデパートで正規料金を払って購入しました。

でも、こんな生活を続けていたら、洋服で破産してしまいます。そこで、先輩方がどこで購入しているのか聞いて回ったところ、意外な答えがあったのです。

ニューヨークの五番街にある著名なブランド店には、「バックルーム」なるものがあって、社員証と名刺を見せると、地下や奥のバックルームに案内され、そこで、エグゼクティブの女性向けにセレクトされた商品が、七〇%引きなどで購入できるのです！

ただ、これは誰もが実践できることではないでしょう。私も日本では、スタイリストの方と知り合いになって、**ブランドのサンプルセールやファミリーセール**で購入したりしています。周りにファッションに詳しい人、アパレル関係者などがいたら、積極的に聞いてみるといいでしょう。

また、社内をメインに働く日なら、国内ブランドの比較的安価で購入できるブランドのものでも、色・形・素材さえ合っていれば、さほど問題ないはずです。

場面に応じて、適切なイメージを作り出すことができるか、それを自分の戦術の一つとして持っているか――。それは、シニアマネジメントになる女性に求められている能力の一つです。

地位・場面・目的に合った服装を戦略的に考える

ここがポイント！

❶ ファッションは、キャリア女性のイメージ戦略の要

❷ 欧米のキャリア女性からお手本となる人を探して分析し、日本の状況に合わせつつ自分なりに取り入れる

❸ マニッシュとフェミニンを使い分ける

❹ スケジュールに合わせて、一週間の服装計画を立て、結果を振り返る

イメージ戦略2

親近感を高めながら威厳を作る

親近感を高める

昇進したばかりの女性は、女性だからとナメられないようにしようと思うあまり、かための黒っぽい色の服装にしたり、強い発言を繰り返したりして威厳を作ろうと〝迷走する〟人も少なくありません。

そうなると、周囲にとって近寄りがたい存在になり、「相談しづらい」というレッテルを貼られ、**なんとなく周囲から浮いてしまい、周囲との接触頻度が減る**傾向になります。一度そうなると、相手も敬遠しますし、本人もそれを意識して接触を避けようとするので、ますます浮いてしまう、という悪循環に……。

女性マネジメントにおいては、親近感と威厳、ここのさじ加減が難しいところです。

私もかつて、その悪循環に陥っていた時期がありました。特に課長時代は、人に仕事を振ることもままならず、山のような仕事を抱えてドタバタしていた時期があり、部下から「話しかけにくい」と言われました。

この傾向が進むと、下からの情報が入ってこなくなり、ビジネスの判断に遅れが生じることになります。また、部門で起きているトラブルなどが耳に入りにくくなり、未然に防げたであろうトラブルも防げなくなってきます。

こうなると、自分自身の評価を落とすことにもなります。

当たり前の話ですが、昇進してより高い役職に就けば、多くの人に仕事をお願いしなければなりません。親近感、すなわち部下が話をしやすい雰囲気作りも、シニアマネジメントに必要なスキルです。

「親近感の有無は、自分の性格によるものだから……」などと最初から諦めている人も多いかもしれませんが、それは違います。**親近感はある程度、自分自身でマネジメントすることができます**。これから、その親近感の操作法について説明します。

具体的には、次の二つのポイントがあります。

❶　接触頻度を高める

❷　優しく見える服装を心がける

❶　接触頻度を高める

接触頻度を高めるには、たとえば次の三つの方法があります。

a．親近感を作り出す「ザイアンスの法則」

b．風通しをよくする「オフィスアワー」

c．距離を縮める「ぶらぶらマネジメント」

a．親近感を作り出す「ザイアンスの法則」

「ザイアンスの法則」をご存じでしょうか。これは、「単純接触効果」とも言われ、「**接触回数が上がるほど、好感を持つようになる**」*という心理です。

*詳しく知りたい方は、『単純接触効果研究の最前線』（宮本聡介・太田信夫編著、北大路書房、二〇〇八年）をご参照ください。

つまり、親近感を持ってもらい、話しやすい環境を作るには、**まず自分から挨拶したり、声をかけたりなどして接触頻度を高める**ことが大事なのです。

ボディタッチが効果的だという人もいますが、女性から触っても、セクシュアルハラスメントと受け止める人もいますので、ボディタッチよりも声をかけることをお勧めします。

先ほど少し触れましたが、私も、三十代前半の課長時代は、山のような仕事を抱え、人に仕事を振ることもままならない状態だったため、周りから「話しかけにくい」と言われていました。しかし、ここ数年はむしろ、「話しやすい」と言われています。

そうなるために私が具体的に実践したのが「声がけ」です。朝、出社したときの挨拶からはじまって、ちょっとしたことでも声をかけ、何かをしてもらったらお礼を言うように心がけたのです。

b. 風通しをよくする「オフィスアワー」

「オフィスアワー」とは、大学などで、学生の質問や相談を受けられるように教員が研究室などにいることを確約している時間帯のことですが、私も週三回、午前の十五分間と午後の十五分間、「オフィスアワー」と称して、オフィスにある私のスペースのドアを開け、誰でもアポなしで自由に入って来られるようにしました。

この施策を打った理由は、私はその当時、二〇〇人程度の部門にいて、マネジャークラスとはミーティングで話せましたが、部門全体で話す機会は年に数回しかなく、直接話ができるメンバーの数が限られていたためです。

最初のうちは、すぐに決裁がほしいなどの緊急案件のある部長やマネジャーだけが来ていましたが、人の出入りを見て、いろいろな人が入ってくるようになりました。

c．距離を縮める「ぶらぶらマネジメント」

「ぶらぶらマネジメント」とは、オフィス内をぶらぶら歩きながらマネジメントすることを指します（『自由に働くための仕事のルール』（ディスカヴァー、二〇一八年）一二三ページでもご紹介しています）。

私は、週に二、三回、部門のフロアを三十分くらいぶらぶらと歩き回り、オフィスにいる人たちに声をかけて回りました。問題を抱えている人がいないか、様子が変わったところのある人はいないか。自分の目で見るのです。

質問や相談がある人は、ふらふらと歩いて回っている私を捕まえればいいわけですので、仕事が速やかに進むというメリットもあります。

「オフィスをぶらぶらするだけでは、部下からしたら迷惑では？」と思う人もいるかもしれません。確かに、そう思う人も一部はいるでしょう。

しかし、無理にでも機会を作って、話す機会を一度でも設けると、その人との距離感は確実に縮まります。そうすることで、「めったに見かけない上のポジションの人」から、「何かあったらアプローチのできる人」という位置づけに自分を変えられます。

また、コミュニケーションを密に取ることでチームメンバーのモチベーションアップという効果も得られます。

定例会議というフォーマルな場に加えて、「オフィスアワー」や「ぶらぶらマネジメント」などのインフォーマルな場も有効に活用して、親近感をコントロールしてください。

❷ 優しく見える服装を心がける

前項「地位・場面・目的に合った服装を戦略的に考える」でも、女性シニアマネジメントに求められる服装について書きましたが、もし「怖い」とか「近寄りがたい」と周りから言われていたら、オフィスで着ている服を少し変えてみましょう。

黒のスーツに白のパリッとしたシャツはカッコいいですが、その一方で、近寄りがたい雰囲気になりがちです。そんなときには、素材や色を少し変えるだけで優しく見えます。

職場で「黒」が多い女性マネジメントは、「紺」「グレー」「ベージュ」にするのがお勧め。

・ただし、ベージュは男性が着用しない色なので、目立ちすぎたくない場合は、着用を避けたほうが無難です。紺やグレーを選べば失敗はないでしょう。

スーツの下に着るインナーや、ジャケットの下に着るワンピースなども、綿のカッターシャツではなく、シルクやレーヨンなどの素材に変えます。また、インナーだけにパステルカラーを使うのも優しそうに見えます。

ポイントは、ジャケットスタイルを崩さないことです。インナーを柔らかいものにしても、キッチリと見えます。

もちろん、社内の他の女性の服装を見て、いい点・悪い点を考えてみるのもいいエクササイズになります。

私が頻繁に「見た目」の話を書くのは、**身につけているものは、「自分でコントロールできるものの一つ」**だからです。

ポジションが上がれば上がるほど、自分でコントロールできるものは少なくなっていきます。代わりに、突発的なトラブルに対応する能力がどんどん求められてきます。

そんな中で、**マネジメントとして結果を出すには、自分でコントロールできるものはコントロールしてしまって、簡単にはコントロールできない他のことに、時間と労力を割いたほうが**いいと考えているからです。

威厳を身につける

親近感はとても大切ですが、一歩間違うと、「リーダーとしての威厳が足りない」と言われたり、周囲からナメられたりする、という問題が出てきます。

私も、「女性だから」とナメられて、何度も「威厳が足りない」と言われました。

大型の提携案件を手がけているときに、相手方から「女とは交渉が詰められないから、上司を連れてきてよ」と言われたこともあります。

そのときは、「本件の責任者は執行役員である私です。私の直属の上司である社長は、現在この国にはおりません。ビジネスチャンスから考えると、時間を置くのはあまりいい判断だとは思いません。本件を進めるにあたって、担当者の性別でご判断されるのでしょうか、それとも目の前のビジネスでご判断されるのでしょうか」とお伝えし、交渉のテーブルから降りました。

肝となるところでは、毅然とした態度で対処するしかありません。ヘラヘラしていると、さらにナメられます。

泣き落としという手段もありますが、その場は乗り切れるかもしれませんが、対等なビジネスパートナーとして扱われることはありませんので、中長期的に考えるとお勧めできません。

今でも、初対面の人からナメた発言を受けることはよくありますが、毅然とした態度で、感情的にならずに、目の前のビジネスに集中して対応しています。そうすれば、一緒に仕事をしていく過程で、そういった態度を取る人は確実に減っていきます。

リーダーとしての威厳の源は、責務をまっとうする覚悟

では、ナメられないようにするための威厳はどうやって作るのでしょうか？

私がGEに在籍した頃、エグゼクティブ・コーチから、「**リーダーシップの二割は〝威厳〟**」と言われていました。

「威厳という測定が難しいものを、二割と言われてもね……」と悩んだこともありました。エグゼクティブ・コーチからはストレートな回答をもらえない中、「ゼロではダメ。ありすぎてもダメだ」と解釈し、威厳とははたしてどうやって作っていくものかを考えていきました。

そのとき、自分が一緒に仕事をしているリーダーたちに、互いに威厳を感じるかどうかを評価し合ってもらったことがあります。威厳を感じる人にある共通点とは何か？　結果を分析してみたときに出てきた要素の一つが「**覚悟の決め方**」でした。

責務をまっとうするという気持ちと、いざというときには自分がすべての責任を取るという覚悟を持っていること。それが、威厳のある人に共通しているものでした。

当時の私の上司は、怖くて近寄りがたい威厳のあるリーダーだと言われていた人でした。彼はビジネスの困難な局面において、結果が出るようなアドバイスをくれたり、人を紹介してくれたりする人でした。そして、ここぞというときには、「最後は俺がなんとかするから、やってみろ」と背中を押してくれる人でした。

このような経験から、**リーダーには「責務をまっとうし、その結果に対する責任を持つ」という腹のくくり方が不可欠**で、それがリーダーとしての威厳を形成する一つの要素になっていると私は考えています。


では、仕事の覚悟はどうやって決められるのでしょうか？

私は、「**仕事ができる」という信用**がカギだと思っています。周囲からも、自分も、「こいつはできる」と信頼してもらえなければ、腹なんてくくれないでしょう。

デービッド・マイスターらの『プロフェッショナル・アドバイザー』（東洋経済新報社、二〇〇〇年）という本では、信頼度は、次の数式で表せると書かれています。


信用度＝（専門性＋確実度＋親密度）／利己心

この式で注目すべき点は、「利己心」が分母に来ていることです。すなわち、**仕事ができるだけではなく、〝欲〟を削ることが信用度を高めるには重要**なのです。出世欲や名誉欲で動いている人は、社内で評価されません。私はこの数式をはじめて見たとき、ハッとさせられました。

自分の所属する組織の持つ目的や倫理に照らし合わせて、利己的に動くのではなく、利他的に動く。**みんなが得をするWｉｎ－Ｗｉｎな状況へと導き、仕事の成果を出す人こそ、信用度が最大化する**のです。

こういう人が、「よし、責務をまっとうし、責任を取るぞ」と動くと、仕事をしていく上での威厳を形作られていくのです。

自分の手を胸にあてて考えてみてください。今、自分がやろうとしている行動は、利他的ですか？

昇進して周囲から浮いてしまった状態で、自分のチームに歩み寄ることもせず、また、上のポジションの人たちとのネットワークを築くのでもなく、「世の中、昇進したらこんなものよ」と諦めてしまっている人も少なからずいます。

こういったケースが出てしまうことは、**たいへん**残念です。やり方をちょっとだけ工夫することで、新しい世界に行ける可能性が高まるのですから、ここで紹介した「声がけ」や「服装の工夫」などを試してもらえればと思います。

親近感を高めながら威厳を作る
ここがポイント！

❶ 親近感を高める２つの方法
a．自分から意識的に声をかけるなどして、スタッフとの接触頻度を高める
b．優しく見える服装を心がける

❷ 威厳を作るのは、〝責務をまっとうする覚悟〟「利己心」を捨て、みんなが得をするＷｉｎ－Ｗｉｎな状況へと導くように心がける

イメージ戦略3

シニアマネジメントとしての「存在感」を身につける

彼が昇進した理由・彼女が昇進できない理由

金融機関やメーカーに勤めるキャリア女性たちから、相談を受けたことがあります。

「私たち、こんなに成果を出しているのに、なんで昇進できないんでしょう？　いったい何が足りないんでしょう？」と、ずいぶんお悩みの様子。

近年は、女性に不可欠なリーダーシップ・スキルについてのさまざまな研修や書籍がありま す。シニアマネジメントを目指す人なら、「アサーティブ（相手を尊重した上で自分の意見を伝えること）」や「メンバー育成のためのコーチング」のスキルや、「ロジカル・シンキング」など、女性幹部社員に必要なスキルや知識のトレーニングをいろいろと受けてきていると思います。

しかし、そのようなトレーニングを受けて、**仕事で成果も出しているのに、昇進に結びつかない**。そこで悩むわけです。

私も三十代前半の頃、いろいろなマネジメント研修を受けるものの、自社のシニアマネジメントの人たちや、おつき合いのある企業の経営層の人たちを見て、「研修や書籍で学んだリーダーシップ・スキルだけでは足りないのでは？」という疑問を持っていた時期がありました。

・役員のK氏は、どう見ても、社長の腰巾着でしかない。
　社内では、社長の飲み友だちだから昇進したって言われていたけれど、彼が役員になった理由は絶対に何かあるはず。
・役員のI氏は、実務能力はまったくなく、チームの成果や他人の成果を横取りしてのし上がっていったと社内で有名。では、なぜ役員になれたのか？

・役員のU氏は、数百億円単位の損害を会社に与えたにもかかわらず、なぜかまだ役員のまま。降格されることもなく、クビになることもなく、毎日ひょうひょうと出社している。

それはどうして？

このように、マネジメント層を観察し続けていくと、マネジメントとして企業の中で出世していき、生き残っていくには、ハードスキル（資格や専門技術などの勉強によって習得する体系立った理論や知識）だけではない、他の要素が見えてきます。

それは、一言でいえば「**存在感（Presence）**」、**つまりシニアマネジメント層に対する存在感**です。混同しやすいのですが、「影響力」とはちょっと違います。

そこで、「シニアマネジメントになるための存在感とは何か」を考えていくためのヒントと、存在感を持つためのポイントをご紹介します。

存在感を身につける三つのポイント

存在感を身につけるためのポイントは大きく三つあります。これは男女を問わず必要な最低条件ともいえるものです。

❶ 会社や業界の将来を語れる〝ソート・リーダー（Thought Leader）〟になる
❷ 重要な場面には〝必ずいる〟技術を身につける
❸ 物事を〝確実にやる〟人になる

いずれも重要です。以下、詳しく見ていきましょう。

❶ 会社や業界の将来を語れる〝ソート・リーダー〟になる

リーダーに求められる能力の一つとして「ビジョンを提示する」というのは周知のことかと思いますが、さらにもう少し高度な能力として、**将来を見据えたテーマを提供するソート・リーダーになる**ということが、存在感を発揮するためには重要になります。

もっとも、「ビジョンなんて語れない」という方も多いでしょう。ですが心配は不要です。実際に出世する人でも自分で作っている方は必ずしも多くありません。**社長が言っていることを、うまく「未来を見据えた形」で語っているの**です。あるいは、どこかの戦略コンサルタントが作ったものをそのまま使っている人も多くいます。

ポイントは、誰が作ったかということではなく、自分が「会社や業界の将来を語っている」ことなのです。

彼らに共通しているのは、**社長の使っている言葉をあちこちにちりばめ、社長と同じ方向を指し示していることを周囲にアピールしている**ことです。組織として同じ方向に向かっていくのに極めて効果的ですし、社長からも「自分が言っていることをよく理解している」と思われます。

ソート・リーダーになる第一歩は、自分の会社の一年半先を想像し、社長をはじめシニアマネジメントや会社で評価されている外部のアドバイザー（コンサルタントを含む）がどのようにそれを表現するのかを知ることです。

❷ 重要な場面には〝必ずいる〟技術を身につける

重要なことを決める会議に呼ばれず、自分の知らない間に重要事項が決定して動きはじめてしまった――。

このようなことは、組織においてしばしば起きます。男女を問いません。男性でも、組織内の競争において、**外されるときに使われる手段の一つが、「情報を入れないこと」**なのです。そして、数少ない女性のシニアマネジメントがいつの間にか〝場〟から外されてしまったケースをしばしば目にします。

このように外される人がいる一方で、普段は定例会などに姿を見せないけれども、ものすごく重要な場面で必ず姿を見せるマネジメントの方がいます。このような人は、大事な場面に姿を必ず見せ、そしてその場の参加者になるスキルを身につけているのでした。

どんな組織においても、「**一緒に物事を決め、進めていく人**」と**自分を位置づけることは極めて重要**です。

こういう人は、得てして若手の頃から社内情報通で、どこでどういう情報を入手すれば、社内の重要事項にアクセスできるかを知っています。

これを天性の勘で実現できている人もいますが、普通の人が特殊な方法を使わずに実現できる方法があります。二つの方法を紹介しましょう。

a．シニアマネジメントのスケジュールをチェックする

一つが、自分の上司だけでなく、上司の上司であるシニアマネジメントのスケジュールを把握することです。つまり、あなたが課長なら、部長だけでなく、本部長あるいは担当役員のスケジュールをチェックするのです。

社内でスケジュール情報が共有されている会社は多くあります。特に、情報共有が進んでいる会社なら、意図的にスケジュールを全社、あるいは担当部門に公開しているものです。情報が公開されていない場合は、**秘書の方と親しくなる**ことで、情報を知る方法もあります。

シニアマネジメントのスケジュールを確認したら、「**どんな人がどんなときに、誰の主催する会議に出席しているか**」も確認していきます。

たとえば、組織改編のタイミングでは、それに関わる会議のスケジュールから出席者を把握

することで、誰が情報を持っているのかを推測することができます。そして、個別に情報を持っている人たちにアプローチすることで詳細を知ることができます。

それらの情報を整理して、社内でどんな重要事項が議論されているのか、自分が関わる方法はないか、さらにその意思決定に参加する方法はないかを考え、行動に移すのです。

こうして、重要な場面では必ず〝その場にいる人〟となるのです。

私が同僚から教わったのは、組織改編のタイミングで、組織改編に関わっていそうな人事関係者、および自部門の関係者のスケジュールを集めてみると、どういう組織を設計しようとしているか、誰が異動し、誰が異動しないかの仮説が立てられるというものでした。

実際に、いろいろな人のスケジュール表を見てみると、「確かに、この人がこの人に今日会っているというのは、今までの組織上考えにくいが、なぜなんだろう？」と疑問がわいてきたりします。

集めた情報を踏まえて、上司に組織改編について聞いてみると、自分が見えていなかったものが、いろいろと見えてくるようになり、「なぜ会社が今、そのような組織改編を行わなければいけないのか」という会社の戦略変更自体に興味を持つようにもなりました。

b. 積極的に参加を試みる

私は同僚から教えてもらってから、上司の部長とその上の副社長のスケジュールを、週一回以上は確認するようになりました。社内で公開されているスケジュールを毎週月曜日に確認し、どういう会議に出ているのか、その会議には誰が出ているのかを出席者リストから調べました。するると、自分は呼ばれていないけれども、参加したほうがよさそうな会議が定期的に開催されているのに気づき、上司との一対一ミーティングの際に、思い切って相談してみました。

その結果、自分が思っていた以上にすんなりと、「じゃあ出てよ」と言われて出席するようになり、三ヵ月後には、上司の代わりに自分の部署の代表としてその会議を仕切るまでになりました。そこで決まったいくつかのプロジェクトが、その後の昇進に大きく影響したと思います。

この経験から、「**自分は呼ばれていないからいい**」と思うのではなく、「**大事だと思うことには積極的に関与していく**」**ことが大事**だということを痛感しました。

「人のスケジュールを見ることは、よくないことではないか？」と思われる方もいらっしゃるかもしれませんが、社内ネットワークで公開されている情報なのですから、盗み見ているわけではありません。秘書から教えてもらえる情報も同じです。本当に極秘であれば、秘書にすら話さないケースもありますし、絶対に言うなと口止めしてあるはずです。人から知り得る情報であれば、積極的に活用したほうがよいと思います。

ただし、このとき、**自分のスケジュールも、他の人に見られる可能性がある**、ということも留意しておきましょう。何でも公開すればいいというものではありません。

私は、他の人に知られたくない予定は、他の人から内容を見えなくしたり、コードネームを使ったりしています。

❸ 物事を〝確実にやる〟人になる

会社にとって大事な人材は、プロジェクトを必ず実行する人です。

口先だけでなく、きちんと実行する人が高く評価されるのは、当たり前だと思われるかもしれませんが、実際にそれができる人はそれほど多いわけではありません。

一見、口先だけで出世している人もいますが、実際にその人の過去をひも解いてみると、重要なプロジェクトを成功させたりしている場合が多いものです。


ポイントは、**なんでも実行するのではなく、〝重要なもの〟を〝必ず成功させる〟**ことです。

こういった人たちの行動を見ていると、口だけのときと、実際に行動しているときと、両方のケースがあることに気づきます。

実際、私が以前在職していたメーカーで、「この人はなんで口だけのときと、実際に動くときとあるんだろう？」と感じた人がいました。ご本人と親しく仕事をする機会があったときに、直接聞いてみました（もちろん、ダイレクトには聞かず、オブラートに包んで聞きましたが）。

彼は笑いながら、「**他の人でもできることは、他の人にやってもらう。自分しかできないもののときに、腕まくりをして死にもの狂いでやるんだ**」と話してくれました。


どんな人でも、すべてのことに全力を傾けることはできません。**これは絶対に外せないというプロジェクトのために、自分の時間と体力の余力を残しておく**のだそうです。

この話を聞いて以来、私は、**自分の体力・気力の七〇%でスケジュールを組む**ようにしています。三〇%の余力があるとわかっていれば、新しいチャレンジに立ち向かうこともできるからです。

この人は大事なプロジェクトは必ずやり遂げる――。そういう実績と評判を作っておき、本当に大事なときにはキッチリやり遂げる。それは、シニアマネジメントに求められるスキルの一つでもあります。

女性のマネジメントの「存在感」醸成に必要な二つのスキル

さらに、女性に関しては、次の二つのポイントがマネジメント層への「存在感」を醸成するのに大事だと日頃から思っています。こちらも順に見ていきましょう。

❶ パーソナルなことを持ち込まない

❷ 自分の優先順位をはっきりさせる

❶ パーソナルなことを持ち込まない

仕事に私的なことを持ち込まないこと。

女性の場合、これで「マイナス」の存在感を作ってしまっている方が多いように思います。たとえ出かける前に夫・パートナーと大げんかをしても、たとえ失恋して失意のどん底にいても、たとえ体調が最悪なときでも、仕事の場に個人的な感情を持ち込むのは得策ではありません。

ときおり、不機嫌に当たり散らす人も見かけますが、「なぜこの人は機嫌が悪いのか?」、その理由が部下や同僚にわからないと、周囲は自分に非があったのかと不安になったり、「あの人はいつも感情的」というレッテルを貼られたりすることになります。

そして、そういう情報はシニアマネジメントの耳にもちゃんと届きますので、上層部に対してもマイナスの存在感を作るだけです。

❷ 自分の優先順位をはっきりさせる

もう一つは、**自分の軸を持ち、やるべきことの優先順位をはっきりつけること**です。一般に、女性のほうが家庭での育児や介護の負担などは大きくなりがちです。どちらもやりたいけれど、うまくマネジメントできないと悩まれる人も多いでしょう。

突発的な出来事で、一時的に優先順位を入れ替えなくてはいけないときもありますが、基本的に、自分は何を軸にして生きているのか。自分の優先順位をはっきりさせておくことは、組織の中で自分の存在をアピールするために不可欠なスキルの一つです。

組織のシニアマネジメントを見回してみると、優先順位をはっきりとつけていて、それをきちんと周囲がわかるように伝えている方がほとんどです。どんなときも仕事を最優先にする方もいらっしゃいますが、家庭を第一にする人もいます。

経営層というと仕事優先の人が多そうに見えますが、家族の看病をするために社長を退任されたディー・エヌ・エーの南場智子氏や、経営者でありながら育児休暇を取得したサイボウズの青野慶久社長など、家庭を優先する人もいます。

優先順位がコロコロと変わる人は「軸がない」と評価されます。

優先順位をはっきりつけられていないと、自分自身でコントロールすべきことをコントロールできていないと見えるからです。ストレスもコントロールしにくくなるため、情緒不安定にも見えるでしょう。

私は、**キャリアやライフステージが大きく変わるときには、必ず家族に相談**しています。私一人の問題ではなく、家族にも影響が出てくるからです。

そして、話し合いの中で、「私がやりたいこと」「やりたくないこと」「妥協できること」「妥協できないこと」を挙げていきます。

家族にも同じようにしてもらい、その中で、自分たちがどういう生き方をしていくのかを決めます。

私は過去、メーカー勤務時代に、海外転勤を断り、会社を辞めるという決断をしたことがあります。これは、この議論の中から決めたことです。

キャリア自体を終わらせるのではなく、どういう働き方をしたら、自分たちが望む生き方ができるのか。その答えを模索しながら優先順位を決め、アクションプランを作ってきました。

一度決めたことでも、「やはりそのやり方はよくないのではないか」と感じたら見直します。パートナーから「考え直したほうがいい」と言われることもありますし、逆に私がパートナーに言うこともあります。

こうして、**ディスカッションの時間を持つことで、自分たちがどう生きていきたいのか、優先順位がはっきりしてきます。**

一緒に仕事をしている人たちとも、このように意見を交わし、「この人はどういう軸で物事を判断しているのか」を明確にしておくといいでしょう。

そうすることで、自分自身の軸を確認できるのはもちろん、周囲に対しても、自分が何をベースに意思決定をしているかが伝わり、周囲に不安を持たせることが減ります。

シニアマネジメントとしての「存在感」を身につける

ここがポイント！

❶ 会社や業界の将来を語れる〝ソート・リーダー〟になる

❷ 重要な場面には〝必ずいる〟技術を身につける

❸ 物事を〝確実にやる〟人になる

❹ 女性の場合、パーソナルなことを仕事に持ち込まず、仕事とプライベートの優先順位をはっきりと決めておくことが特に重要

イメージ戦略のまとめ

この章では、イメージ戦略の立て方を三つの観点から解説しました。

1 地位・場面・目的に合った服装を戦略的に考える
2 親近感を高めながら威厳を作る
3 シニアマネジメントとしての「存在感」を身につける

男性優位の社会では、女性は特に、マネジメント層としての信頼を得るために、自分を演出する必要に迫られます。実力があるのに、ファッションが不適切だったり、大事なところで存在感を発揮できなかったりして、評価されないのは非常にもったいないことです。

ぜひ、自分の見せ方を戦略的に考えて、振る舞いを決めていってください。

第3章

ステップアップするための外交戦略

外交戦略には、「自分が働きやすい環境が作る動き方」と「男性優位社会における適切な動き方」があります。

「自分が働きやすい環境が作れる動き方」というのは、どうやって上のポジションに上がりやすくするか、社内情報を入手しやすくするか、家族や自分の病気で動けなくなったときにどうスローダウンできる状況を作れるか、などです。

「男性優位社会における適切な動き方」とは、社会的に求められている女性像を理解した上で、自分の所属している組織で大きなマイナスを背負わない動き方をしながら、ビジネス上の付加価値をつけることです。

本章では、この2つの動き方について、次の5項目から解説します。

1 自分を引き上げてくれるスポンサーを見つける
2 “戦略的に” 社内外に人脈を作る
3 女性リーダーに対する無意識の罠を知る
4 女の武器になる？ 「女性“性”」の使い方を知る
5「女の敵は女？」女性部下とのつき合い方を知る

外交戦略Ⅰ

自分を引き上げてくれるスポンサーを見つける

「メンター」や「スポンサー」という言葉を耳にしたことがありますか？

メンターは、キャリアのロールモデルとなり、指導やアドバイスをしてくれる人。

一方の**スポンサーは、能力を理解して、より上のポジションに引き上げてくれる人**です。

『ダイヤモンド・ハーバード・ビジネス・レビュー』（二〇一一年三月号）に掲載された「メンタリングでは女性リーダーは生まれない」＊という記事によると、メンターしかいない女性は、スポンサーのいる女性よりも、昇進しにくいという結果が出てくるそうです。

つまり、**仕事はできるのに昇進の機会を逃している女性にこそ、自分を上に引っぱり上げてくれるスポンサーが必要**なのです。

＊原文：“Why Men Still Get More Promotions Than Women”,Harvard Business Review,（二〇一〇年九月号）

ここでは、上司がスポンサーの役割を果たせていない人、スポンサーを見つけられなくて困っている人、あるいはスポンサーについて考えたことがなかった人に、〝ゼロからスポンサーを見つける方法〟を紹介します。

メンターとスポンサーの違いは？

メンターとスポンサーと言われても、はじめて聞く方には違いがわかりにくいかもしれません。

本項の冒頭で定義をお伝えしましたが、もう少し具体的に整理しておくと、メンターは要するに「**キャリアについてアドバイスをする人**」です。会社でいろいろアドバイスをしてくれる先輩をイメージするといいでしょう。一方のスポンサーは、「**キャリアを実現するために行動してくれる人**」です。

一般には、メンターとスポンサーは別の人になることが多いのですが、同一人物になることもあります。

メンターとスポンサーを選ぶ際のポイントは、〝仕事に直接影響するかどうか〟です。

自分のキャリアの問題点を明確にし、どう問題に対してアプローチすればいいか知りたいときには、メンターに相談します。自分の上司や同僚には相談しません。

私も、自分の直属の上司や同僚をメンターにすることはあまりありません。なぜなら、彼らは私の組織内での昇進に直接影響力を持っているからです。

そのため、メンターは**直接自分のキャリアに影響のない人**を選びます。自分がどうキャリアを形成していけばいいのか、上司にも同僚にも相談できないことをメンターに相談し、自分で問題解決を図ります。

スポンサーは、**組織の中でのキャリアアップにおいて〝私のために〟動いてくれます。**

たとえば、昇進の際、役員会で私が昇進することを提案し、役員の承認を取ってくれたり、反対派の役員を説得してくれたりする人です。あるいは、昇進に有利になるようなプロジェクトに私を推薦し、社内に私のことを売ってくれる人です。

スポンサーを選ぶ際には、**自分よりも二つ以上、上の役職に就いている人**から探します。シニアマネジメントを目指すのであれば、役員の中から選ぶことです。

なお、直属の上司がスポンサーの場合もありますが（私がそうでした）、ゼロからスポンサーを見つけることが本項の目的ですので、直属の上司をスポンサーにすることはあえて書いていません。

私がはじめて強力なスポンサーを得たと感じたのは、私が課長になった頃の直属の上司です。彼は私のメンターであり、スポンサーでもあった人です。彼は、自分が昇進した際に、自分がいたポジションに私を部長として引き上げてくれました。

しかし、ある時期に「君はいずれ俺よりもポジションが上がっていくから、ここから卒業していきなさい」と話され、「社長をスポンサーにするように」と社長との接点を多数作ってくれました。

部長職になるまでは、私のケースのように、直属の上司がスポンサーとなるのが一番望ましいケースだと思います。

しかし、**部長職以上に上がっていく場合は、自分の上司がどれだけ協力的であろうが、スポンサーとならない**こともあることを理解しておく必要があります。

そして、絶対に忘れてほしくないことがあります。

それは、**組織で働く以上、「自分の上司をないがしろにするような行為はすべきではない」ということ**です。

上司以外のスポンサーを得る場合は、上司にきちんと話を通しておく必要があります。

スポンサーについてさらに知りたい方は、シルビア・アン・ヒューレットの『Forget a Mentor, Find a Sponsor: The New Way to Fast-Track Your Career』(ハーバード・ビジネス・パブリッシング、二〇一三年)という本がお勧めです。

どうやってスポンサーを見つけるか？

これからスポンサーを探さなければいけないとしたら、どのようにスポンサーを選んだらよいのでしょうか？

上司に頼める関係であれば、上司に頼んでみるところからのスタートですが、上司に頼めそうもない人は、二つの方法があります。

一つは、地道に仕事をして成果を上げながら、**社内外の活動を通じて、「いつかシニアマネジメント層の人に気づいてもらう」ように行動すること**です。

気づいてもらうための社内外の活動には、いろいろとやり方があります。

たとえば、社内のリーダーシップ・プログラムに入れないか、メンターや上司に相談してみましょう。リーダーシップ・プログラムは社員全員が知っているものもあれば、限定的に行われていて、社内では知られていない場合もあります。

いずれにしろ、将来の幹部候補が参加しているため、誰が出席しているのか、シニアマネジメント層なら、リストを見ている可能性が高いです。

社内にリーダーシップ・プログラムがなければ、社外のリーダーシップ・プログラムに参加できないか、探してみましょう。たとえば、在日米国商工会議所や米日財団など、欧米系の団体ではさまざまなプログラムが開催されています。

そこで出会う人たちは、自社のシニアマネジメントと知り合いである可能性があります。企業の上のほうにいる人たちのネットワークは実は意外と狭いものです。「知り合いの知り合いだった」などということは、本当によくあります。

いろいろ探したけれど、社内からは到達できそうもない場合は、社外からアプローチをすることも検討してみましょう。

そこまでガツガツするのは、気が引けると思う方もいらっしゃるでしょう。

その場合は、少し時間がかかりますが、役員などのシニアマネジメントが出席する会議、たとえば、全社会議やマネジャー研修などで役員が講演をするときに、**質疑応答の時間に質問をすることです。自分の部署、名前を言ってから質問をします。**

気の利いた質問ができれば、印象に残りますので、何かの機会に「あのとき、質問していた女性は誰？」と思い出してもらえるでしょう。

GE時代に、シニアマネジメントの仕事の九割は「人」についての時間、と言われました。GEのシニアマネジメント層の人は、社内にどういう人がいるかについて、とても頻繁に情報交換をしていました。全社会議の際に非常にいい質問をした社員について、会議直後に話題になるだけではなく、人事にどういう人か調べてもらうこともよくありました。

「気の利いた質問ができるか自信がない」という人は、**ボランティア活動に出席し、自分を知ってもらう機会を作ってみる**というやり方もあります。

私の同僚は、会社前の清掃活動で、役員と知り合いました。毎月第三週の活動にその方が出ていることを聞いて、スケジュールを合わせて、何度か一緒に清掃活動をしたそうです。その後、その役員から、社内のあるプロジェクトに興味がないかを聞かれ、社内で注目を浴びたプロジェクトに参加する機会を得た後、同僚は昇進していきました。

「自分の存在に気づいてもらう」ためにできることは、想像している以上にあります。

娘がいる男性はスポンサーになってくれやすい⁉

気づいてもらうまでに時間がかかるので、〝もっと積極的に〟スポンサーを探していきたいと考える人もいるでしょう。

私はもともと、「気づいてもらうまで、目の前の仕事をがんばります」というタイプだったのですが、外資系企業時代に私についてくれたエグゼクティブ・コーチからは、「積極的に探しなさい！」と発破をかけられました。

そのときに、コーチからもらったアドバイスが、「女性がスポンサーを探すときには、スポンサーとなってくれやすいタイプがいくつかあるので、そこからアプローチしなさい」ということでした。

当時は女性のシニアマネジメントがほとんどいない時代だったので、コーチのアドバイスの前提は、男性の役員をスポンサーにつける、というものでした。

具体的に言うと、**キャリア志向の娘がいる人はスポンサーになってくれる確率が高い**ということでした。娘がキャリア志向かどうかわからなければ、二人以上娘がいる人です。理由は、二人が違うタイプである可能性が高いため、一人がキャリア志向でなくとも、もう一人がキャリア志向に育つ可能性があるからです。

キャリア志向の娘がいる男性のトップマネジメントは、自分の娘がこの組織で働いていたら、どういう扱いを受けるかを考えることがあるそうです。

そのため、成長意欲のある女性に対して、引っぱり上げようと協力してくれる人が、少なからずいるそうです。

私の父も、かつてある会社のシニアマネジメントでしたが、自分の組織で女性を積極的に昇進させていったそうです。多様性が組織の競争力を上げることはもちろんのこと、娘の将来を考えたときに、そうしていくことが大切だと思った、と聞きました。

また、**定年退職後、嘱託や顧問で会社の仕事を継続している元役員も、スポンサーになってくれる可能性があります。**

なぜ元役員かというと、社内の情報に精通していて、役員よりも忙しくなく、時間があるからです。

また、役員時代は彼を慕う人もたくさんいたけれど、定年退職をした後は、周囲に人が少なくなっているケースも少なからずあります。

そのような人たちは、頼られること、そして、社内とつながっていることをとても喜ぶので、スポンサーになってくれる可能性が高いわけです。

こういったアプローチがあるということをコーチから聞いたとき、さすがに私も、「ちょっと政治的すぎでは……」と思いました。これらの例はあくまで一例で、すべてのケースを網羅するものではありません。こういったアプローチ方法もある、という程度で参考にしていただければと思います。

スポンサーは、ストレートにお願いする

スポンサーをお願いする場合は、可能な限り、ランチをお願いします。ランチで面談の時間

が取れなければ、会議の設定をします。**ランチでも、会議でも、忙しい彼らの時間を無駄にしないように、三十〜四十分の短い時間で設定します。**

そして、ランチの場で、彼らにあなたのキャリアをサポートしてもらえないかをストレートにお願いします。

なぜ、ストレートに伝える必要があるのか。

それは、シニアマネジメントの場合、一対一で時間をいただけるチャンスは一回しかないと考えたほうがいいからです。

その一回で、「あのミーティングはいったい何のためのミーティングだったんだ？」と思われないよう、自分の意志をはっきりと伝える必要があるのです。

私もよく若手からランチやミーティングの依頼がありますが、結局、何をしてほしいのか何も言われないまま時間となり、「いったい私にどうしてほしかったの？」とイライラすることが多々ありました。

ストレートに言わないと、「いったいあの時間は何のためだったのか？」とマイナスの印象

を持たれてしまう懸念があります。

また、たとえ断られても、個人攻撃と受け取ってはいけません。

それよりも、現在自分の置かれている状況を客観的に伝えた上で、現在の自分にどんなスポンサーが必要か、キャリアアップするためのアドバイスをもらえないか、聞いてみましょう。

そこでもらったアドバイスをヒントに、次に進めばいいのです。

スポンサーは
ジョイントベンチャー（共同事業）と考える

もし、スポンサーになってくれると承諾してもらえた場合、スポンサーに対して、彼らがなぜあなたに時間を投資する意味があるのか、それを見せる必要があります。

若手が育ってくれたらうれしいからと、それだけの理由で動いてくれる人もいますが、**多くの人は、自分がやっていることに役立つ人のほうを重用する**でしょう。

スポンサーと「プロテジェ（protégé）」（スポンサーをしてもらう人：フランス語で弟子、被保護者の意味）の関係は、ジョイントベンチャーの関係です。

お互いが自分のスキルや時間を出資して、新しいサービス（あなたのキャリア）を成長させ、それによって双方が利益を得るのです。

それを頭に入れて、スポンサーの役に立つように動きます。

「スポンサーは何を欲しているのか」を常に考えて、付加価値をつけましょう。もし、何を求められているのかがわからなければ、本人に聞いてください。

多くの場合は、スポンサーが抱えているプロジェクトに参加し、その仕事の一部（あるいは全部）を執行します。私のケースを振り返ってみると、資料作りのような小さな作業から、ある国の政府との交渉といった大きな仕事まで、スポンサーのために、実にさまざまなことをしてきました。

スポンサー効果だけでなく、プロテジェ効果もある

センター・フォー・タレント・イノベーションの研究によると、プロテジェ**を持つリーダーのほうが、持たない人よりも一一%も仕事の昇進スピードにおける満足度が高い**そうです。**リーダーにとっても、スポンサーとなってプロテジェを持つメリットがある**のです。

優秀な人材が集うチームを作ることで、目に見える成果が自分のキャリアに出てくるからです。だから、時間を使わせて悪いとか、自分のために動いてもらうのは気が引けるとか思うのではなく、自分がスポンサーのキャリアに貢献すると考えましょう。

キャリアは一人で作っていくものではありません。上司、部下、メンター、スポンサー、実に多くの人たちとの共同作業です。

その中でも、昇進していくためには、あなたを強力にバックアップしてくれて、組織の中で、引っぱり上げてくれるスポンサーが不可欠です。

すでにスポンサーがいる方は、これを機に既存のスポンサーとの関係を振り返り、関係強化

のためのアクションを、そして、まだスポンサーがいない方は、新しいスポンサーの獲得に向けて、ぜひ行動を起こしてみてください。

自分を引き上げてくれるスポンサーを見つける

ここがポイント！

❶ メンターは「キャリアについてアドバイスをする人」
スポンサーは「キャリアを実現するために行動してくれる人」

❷ スポンサーは直属の上司でもいいが、二つ以上役職が上の人が理想的

❸ 依頼は、相手のメリットもアピールしつつ、ストレートに行う

外交戦略2

〝戦略的に〟社内外に人脈を作る

社内外にネットワークを作ることは、自分の仕事を完遂するため、個人として成長するため、そしてキャリアを築き上げていくためには不可欠です。

社内で、何らかの業務を完了するにも一人ではできませんし、キャリアアップには自分の能力を理解してより上のポジションに引き上げてくれる存在も必要です。当たり前ですが、「自分がなりたいから」といって出世できるものではありません。

私が昔、在籍していたＧＥやＩＢＭなどのグローバル企業では、シニアマネジメントとして育成するプログラムが用意されていました。

私がそのプログラムを受けて驚いたのは、「社内外ネットワークの築き方」が体系的に整備されていることでした。

読者のみなさんは、「キャリアアップのネットワークは、個人の社交性などに依存するのでは……」などと考えていませんか。

それは間違いです。**ネットワークは「戦略的に二年で築き上げるもの」です。**それを学んだときには、「今まで自分は何も考えてこなかったなぁ」と反省したものです。

「二年」の理由は、**戦略的に昇進を狙い、適切なアクションが取れると、だいたい二年で昇進できる**からです。

当時、私についたエグゼクティブ・コーチからは、「大きな長期的なプロジェクトでも、二年たてば成功するかしないかの方向性が見えてくる」と言われました。

決心したその日から二年がんばってやって成果が出ないなら、やり方が間違っているか、目的が違うか。結果が出てこなければ、方向転換する必要があります。

「私はネットワーク（人脈）作りが下手、苦手」と思っている方は、ぜひここで紹介する方法を試してみてください。

必要なネットワークは六種類ある

まず、理解してほしいのは、キャリアを築いていくために不可欠な人脈は複数のタイプがあって、それぞれについてネットワークを作る必要がある（作ったほうがいい）ということです。

具体的には、次の六つです。

❶　業務を完了させるためのネットワーク
❷　キャリア開発を支援してくれるネットワーク
❸　組織の中での動き方をサポートしてくれるネットワーク
❹　イベント、うわさ、トレンドなどを教えてくれるネットワーク
❺　個人的なサポートをしてくれるネットワーク
❻　人生における仕事の意味や自分の役割を教えてくれるネットワーク

中でも、**最初の三つは、社外だけでなく社内でも持っておく必要がある**ものです。そもそも、ネットワークは、社内、社外のどちらかだけあればいい、というものではありません。

女性でマネジャークラスになると、そのクラスに女性が少ないことなどから疎外感を受けて、ネットワーク作りを外に求める人も多く見られます。ですが、業務を完了させたり、キャリアアップを支援してくれたりするのは、社内の存在が大きいのです。まずは、自分がバランスよく六つのネットワークを持っているかをチェックするところからはじめましょう。

❶ 業務を完了させるためのネットワーク

今、目の前にある仕事を完成させるために指導してくれたり、動いてくれたりする人たちです。自分よりも年配の人を想定しがちですが、業務を完了させるためには、会社の後輩や部下も不可欠なことを忘れてはいけません。

まずは、自分が現在、担当している業務を棚卸しし、それぞれを達成するために、必要な人脈を洗い出します。

次に、昇進をしたことを想定し、今よりも一歩先の仕事を完了させるための人脈も洗い出します。ここは、上司がしている仕事をはじめ、自分がここに昇進したいと思うポジションで、どのような業務が行われているかを観察する必要があります。

「私はこれ以上昇進しなくてもいいわ」と思っている人も、一度、上司がどのような仕事をしているのか、分析してみてください。**上司の視点で仕事ができるようになれば、あなたの評価は確実に上がります。**そして、現在よりも会社への貢献度が高くなります。昇進を求めなくても、今よりもいい仕事をするために、調べてみる価値はあるでしょう。

調べてみて興味が持てそうであれば、昇進を考えるきっかけになります。さらに、事前に一つ上のポジションに上がったことを想定して仕事をしてみると、昇進した際によりスムーズに仕事をスタートできます。

❷ キャリア開発を支援してくれるネットワーク

自分が次のキャリアへ進むためにサポートしてくれる人たちです。

社内でどういうキャリアパスを進んだらいいのかをアドバイスしてくれ、社内でのキャリア開発を支援してくれます。

社内でいいポジションに導いてくれる〝スポンサー〟となる人、そして、キャリアカウンセラーとなってくれるような人を選ぶのがポイント。人事部の人の場合もありますが、基本的には、人事部以外で、自分が進もうとしているキャリアを持っている人などです。

私の経験では、**社内のキャリア開発支援人脈が五〇%、社外のキャリア開発支援人脈が五〇%と半々で持つ**のがお勧めです。

社内に偏りすぎるのではなく、外の情報も適度に入ってくるようにすると、自分の人材マーケットでの位置づけが見えてきます。かといって、社外に偏りすぎると、社内で引っぱり上げてくれる人が足りなくなります。バランスよく持つことが大切です。

社外の場合は、ヘッドハンターや社外に出た先輩、勉強会やセミナーなどで知り合った少し先輩の方々の中から探すといいでしょう。本当にいいヘッドハンターは、安易に転職は勧めず、中長期的なキャリア展開の相談に乗ってくれます。

社内外でのキャリア開発を支援してくれる人を複数持つことで、自分がキャリアに迷ったときや壁にぶつかったときに、いいアドバイスをもらえます。人材マーケットでの価値が下がらないように、どうしたらいいのか、具体的なアクションまで引き出してくれるでしょう。

❸ 組織の中での動き方をサポートしてくれるネットワーク

組織の中の政治状況やキーマンの持つ人脈やモチベーションを教えてくれる人たちです。さらに、それらの情報をもとに、どう動けばいいのかをアドバイスしてくれる人だとなおよいでしょう。

政治的になりすぎないように、組織の中での正しい動き方を教えてくれる人たち、というわけです。

社内の政治を見極める上では、〝うわさ話〟情報も不可欠ですが、「役員人事をよく知っている人」は、この❸ではなく、次に挙げる❹に入る人です。

❸の人を選ぶポイントは、**会社が掲げているビジョンやミッションと、その人が持っているビジョンやミッションが同じ方向性にある人**です。組織の中での適切な動き方のアドバイスをもらいましょう。〝政治的に〟動きすぎる人は、個人の〝利益〟を追求しがちで、会社の〝利益〟や社会の〝利益〟を追求していません。

❹ イベント、うわさ、トレンドなどを教えてくれるネットワーク

社内にどんな人がいるのか、組織のスケジュールはどうなっているのか、など、社内にまつわるイベント、うわさ、トレンドを教えてくれる人たちです。

組織の中で適切に動くには、**組織内で人事異動や買収・売却などのキーとなるイベントの情報を知っておいて損はありません**。

知らなくて、適切に動けなかったり、あるいは、人を傷つけたり、恨まれたりしないようにするためです。

ただし、秘密の類いの情報は、武器にはなりません。不倫や社則を破っているといったうわさは、知っていることで、脅威に思われ、クビが飛ぶケースもあります。あくまでも情報の取り扱いは慎重に！　ただ、地雷を踏まないようにするために、知っておく必要もあると考えたほうがいいでしょう。

社内情報だけでなく、どんなことが流行しているのか、業界のうわさだけでなく、世間一般のトレンドを教えてくれる人も持つ必要があります。井の中の蛙《かわず》にならないように、世の中か

ら取り残されないように、外の視点を持ち続けるのは、常に心がけたほうがよいでしょう。ただ、この外部の情報は、書籍・メディアからも学べますので、優先するのは社内でのネットワーク作りです。

❺ 個人的なサポートをしてくれるネットワーク

家族、夫、パートナー、友人……どんなときでも自分を受け入れてくれる人たち。キャリアと関係ないように思われるかもしれませんが、〝自分が受け入れられている〟と感じる場所を持つ人のほうが、仕事でよりよいパフォーマンスを出すと言われています。昇進をしていくと、今まで職場で仲よくしていた人たちが部下となるケースがあります。今まで仲間だったのに、急に態度がよそよそしくなってしまう状況もあるでしょう。

そのときの気持ちの切り替えに、女性のほうがより多くの感情や行動を変えていく必要があるそうです。男性は、友達同士でも上下関係が発生する状況を子どもの頃から経験しているのに対し、女性は常に同等で遊ぶという幼少期の頃の経験が、その差を生んでいるという研究報告もあります。

そのときに、**個人的なサポートをしてくれる人脈を持っているかどうかで、気持ちの変化の受け入れ方や、行動の変革のスピードが変わってきます。**シニアマネジメントを目指すには、会社組織を超えたところで、自分を受け入れ、サポートしてくれる人たちが必要です。

❻ 人生における仕事の意味や自分の役割を教えてくれるネットワーク

何のために仕事をしているのか――。人生における仕事の意味を教えてくれる人たち。

若い頃にはあまり必要のない人たちかもしれませんが、部下を持ち、自分の成長だけでなく、組織の成長、ひいては社会の成長を考えるようになると、「なぜ私はこの仕事をしているのか？」「これは私の使命か？」と自分に問うようになります。

私も、トレーニングを受けはじめた頃は、会社が求めるスキルを身につけ、自分を成長させることで精いっぱいでしたが、年を重ねるにつれ、「自分が本当にやるべき仕事は何か？」と考えるようになってきました。

私も以前、一般的にキャリアアップとなる「より高額な年収でより高い地位を求めるのか」、それとも、「お金やポジションより、自分がやるべき仕事をすべきか」で悩んだ時期に、❻にあたる先輩方にたくさんのアドバイスをいただき、自分の進む道を決めていきました。

自分のキャリアのステージや年齢を考え、今必要でなくとも、いずれは必要になると考え、用意しておくネットワークの一つだと考えたほうがいいでしょう。

六つのネットワークを棚卸しする

それぞれのネットワークを現在自分がどのくらい持っているのか、まずは棚卸しするところからスタートします。そして、今やっている仕事、二年後を見据えて、どのような人脈を作っておく必要があるのか。それを、次ページのシート（図表7）に書き出していきます。

私は、各ネットワークに十人程度の名前を挙げて、アクションを考えています。

書き出してみると、自分が持っているネットワークがどこかに偏っていることがわかるでしょう。

まずは、現状を知ること。それが、気づきを与えてくれるので、足りないネットワークをどうやって広げていくか、考えるきっかけを作ってくれます。

図表7　ネットワークの棚卸し

		名前	役割役割	目標信頼レベル	アクション	期限
1. 業務を完成させるためのネットワーク						
現在の業務	プロジェクトA	①		1・2・3・4・5		
		②		1・2・3・4・5		
	プロジェクトB	①		1・2・3・4・5		
		②		1・2・3・4・5		
将来の業務	労務関係	① Cさん	上司がいつも労務関連の相談をCさんにしているようだ。労務関連の相談に乗ってくれる人	1・2・3・4・5	Cさんを、彼の同期のYさんから紹介してもらう。Cさんのモチベーションがどこにあるかを調べる。	
		②		1・2・3・4・5		
2. キャリア開発を支援してくれるネットワーク						
現在の業務	スポンサー	①	昇進をサポートしてくれる人	1・2・3・4・5		
		②		1・2・3・4・5		
	メンター	①		1・2・3・4・5		
		②		1・2・3・4・5		
将来の業務	先輩	①	D社バックグラウンドの人がどんなキャリアを創れるか、キャリアモデルのアドバイスをもらう	1・2・3・4・5		
		②		1・2・3・4・5		
	ヘッドハンター	①		1・2・3・4・5		
		②		1・2・3・4・5		
	その他	①		1・2・3・4・5		
3. 組織の中で動き方をサポートしてくれるネットワーク						
		①	人事の観点から、適切に組織の中を動く方法をアドバイスしてくれるエグゼクティブ・コーチの役割を果たしてくれる人	1・2・3・4・5		
4. イベント・噂・トレンドなどを教えてくれるネットワーク						
社内		①	社内の人事情報やその理由を教えてくれる人	1・2・3・4・5		
		②	経営企画部で動いている情報を教えてくれる人	1・2・3・4・5		
		③	社内の噂について教えてくれる人	1・2・3・4・5		
社外		①		1・2・3・4・5		
5. 個人的なサポートをしてくれるネットワーク						
現在の業務	① 父		ビジネスパーソンの先輩として、他の人には聞けないような相談も最初にできる。絶対に秘密を漏らさない、安心して何でも話せる人	1・2・3・4・5		
	② 母		なんでも話を聞いてくれて、応援してくれる人。すべてダメになっても、生きていればいいと受け入れてくれる人	1・2・3・4・5		
	③ 夫		大失敗をして無職になっても、一時的にだったら食べさせてくれる。いつでも私のやることを応援してくれる人。	1・2・3・4・5		
	④ 親友		どんな深刻な状況でもバカ話で笑わせてくれて、私はここにいてもいいんだと思わせてくれる人	1・2・3・4・5		
6. 人生における仕事の意味や自分の役割を教えてくれるネットワーク						
		①		1・2・3・4・5		

出典:Rob Cross,Robert J.Thomas and David A.Light
"How Top Talent Uses Networks and Where Rising Stars Get Trapped"をもとに、著者が和訳・加筆・修正

頼み事ができる人間関係にするためのアクションプランを作る

次に、足りない人脈をどうやって補うのか、アクションプランを作ります。紹介してもらった人を、どう自分の財産に変えるのか——。アクションプランを作る際に参考となるのが、次の五つのステップ（図表8）です。

ステップ1　出会っている
ステップ2　知っている
ステップ3　信頼されている
ステップ4　頼み事ができる
ステップ5　気軽に頼み・頼まれ事をできる関係になる

すでに知っている人であれば、ステップ1～5のどこかに当てはまりますが、これからネットワークを作ろうとしている人たちとは、まず出会わなければいけません。

その出会いをどう作るのか。そして、出会いから頼み事ができるようになるステップ4のレベルまで、どうやって早く人間関係を作っていくのか。
これを、アクションプランとして考えていきます。

まったくコンタクトがなくても、社内イントラネットをはじめ、インターネットやフェイスブックなどのSNSがこれだけ普及している社会ですから、本人の連絡先を見つけるのはそれほど難しくないことでしょう。

しかし、相手も忙しいと思いますし、コールドコール*は無視される可能性があるので、誰かに紹介をしてもらうのが一番よ

図表8 人脈構築の5つのステップ

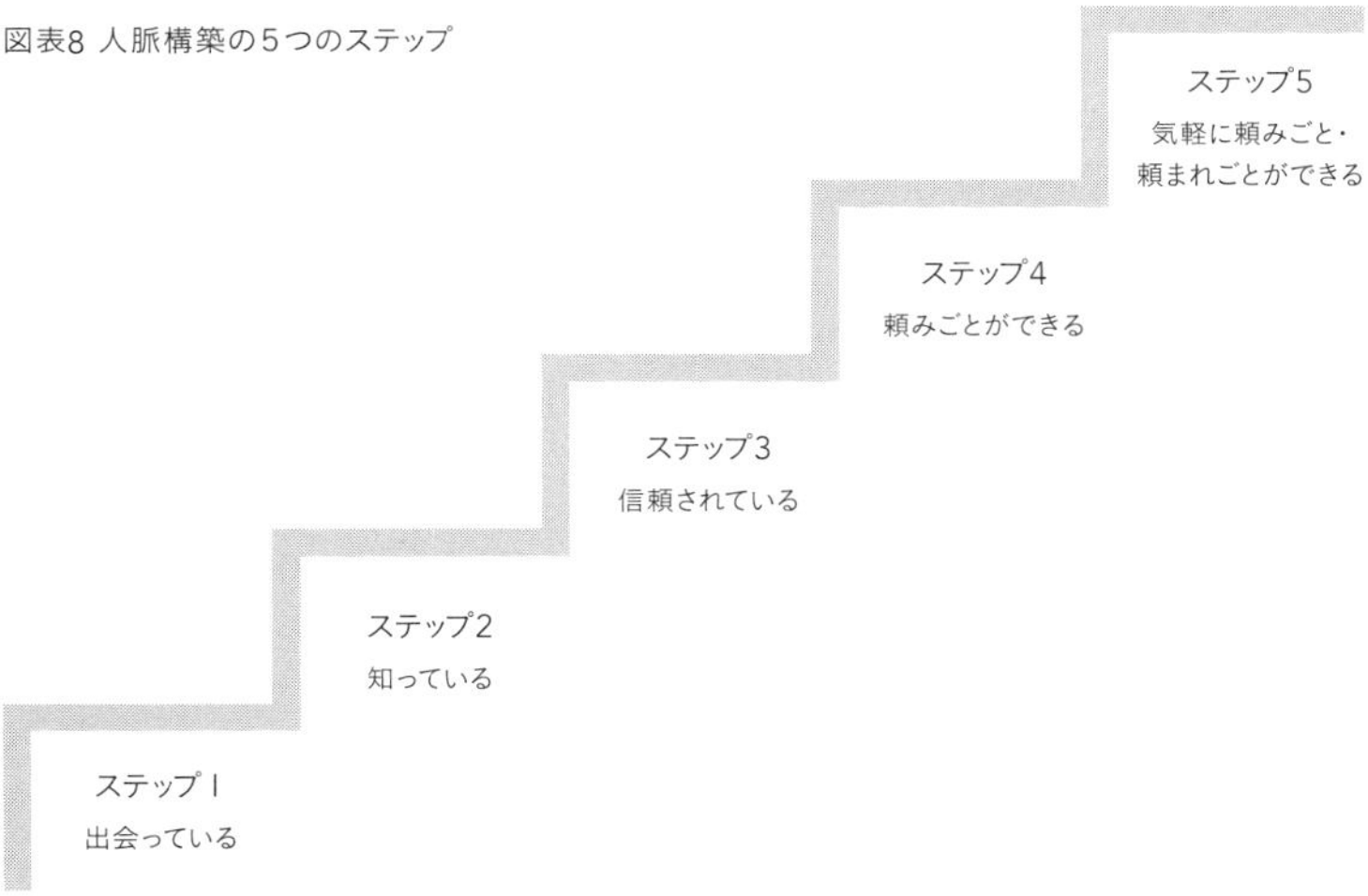

い方法です。

＊コールドコールとは、過去に一度も接触のない相手に電話やメールなどで連絡を入れること。

その誰かは、できればターゲットとなる人とステップ4あるいはステップ5の人間関係にある人を選びましょう。親しい方から紹介されれば、ステップ1を超えて、ステップ2まで行く近道となります。

ステップ1とステップ2は、明確に分ける必要があります。「出会う」＝「知っている」状態にはなりません。名刺交換をしただけで「あの人を知っている」という方をよく目にしますが、名刺交換をしただけでは、知っていることになりません。

「知っている」状態というのは、自分が相手を認識していることではなく、**相手があなたの顔と名前が一致し、どこでどんな仕事をしていて、どんなことに興味を持っているか……など、あなた自身に関心を持っている状態**のことです。

私は自分が必要な人脈を得るために、人から紹介をしてもらったら、ランチかディナーに行くようにしています。それが難しければ、カフェでお茶をしています。その理由は、会議室でのフォーマルなミーティングだと、個人的な話に触れるまでに時間がかかるからです。特に食事をしながらの状況ですと、個人的な話に触れる機会がより多いのです。

自分が得意な領域で、相手のニーズにこたえる

難しいのが、ステップ2の「知っている」からステップ3の「信頼されている」まで行くことです。

私の場合は、メンターである本社の役員やエグゼクティブ・コーチと相談した結果、情報収集・分析力が得意領域として際立っているので、先方が必要としている情報を提供することで、信頼されるようにアクションしました。

たとえば、私が関係を築きたいと考えていた別部門の責任者Aさんがいました。メンターを通じて、Aさんを紹介してもらい、ランチをした際、Aさんから、B社にアプローチをしよう

としているが、なかなか突破口が見つからないというお話を伺いました。

このランチの直後から、私は、B社およびB社の競合企業の課題に関する新聞記事をクリッピングして、Aさんに送りはじめました。また、二週間に一回、クリッピングした記事から、B社およびB社の競合のニーズを分析し、サマリーとしてメールしました。クリッピングにかかった時間は、一日五分。そして、ニーズ分析は一回三十分です。


最初は、Aさんから何もお返事が来ませんでしたが、六週間ほどたったある日、お電話をいただきました。

「いつもはB社の課題を送ってくるのに、なんで新サービスの記事なんか送ってきたの？」と聞かれました。実は、この新サービスこそが、その後B社が行き詰まることになった事業だったのですが、そのときは、B社の戦略と合わない事業を立ち上げたことが気になったので、Aさんにお送りしたのです。

そのことをお伝えすると、「お前は使える」と言ってくださり、その後「この領域でサービスが展開できると考えているが意見がほしい」とか、「この会社とアライアンスを組みたいが、どういうポイントでお前なら組むか？」といったご相談をいただけるようになりました。

Aさんとのランチから一年ほどたった頃には、ステップ3の「信頼されている」状態になったと確信が持てました。

その後、もともとAさんの事業部と協業をしたいと考えていた私は、Aさんにその件を相談するようになり、そして、一緒に仕事をするようになっていきました。そこで手がけた大きな案件が、私が昇進するきっかけの一つになりました。

Aさんとの関係は、ステップ5の「気軽に頼み・頼まれ事をできる関係になる」まで入っているかどうかはわかりませんが、困ったことがあれば何でも相談し、頼み事ができる関係になっています。

自分が得意な領域で、相手のニーズにこたえることが、信頼関係の構築に有益だと思います。自分が得意な領域とあえて書いているのは、**信頼関係の構築には時間がかかるため、やり続けることが大切**だからです。通常業務以外のことをやり続けるには、得意な領域の方が続けやすいのです。

この話を、当時在籍した会社内のある会でしたところ、「私には何も提供できるものがありません。どうしたらいいでしょうか」というご質問をいただきました。

そのときに、「新聞記事の検索やクリッピングは誰にでもできるし、シュレッダーをかけたり、書類を整理したりすることにも手が回っていないマネジメントも多いです。あなたに何ができるか、よく考えてみてください」と回答しました。

その後、私の部署に夕方六時を過ぎると知らない人が来て、アシスタントの作業を手伝うようになりました。

最初は短期派遣を雇ったのかと思い、気にしていなかったのですが、数週間たっても毎日のように来ています。私が人事の書類にサインした記憶がないので、本人に声をかけて聞いてみると、私と知り合いたいという別の部門の若手でした。

「自分にできることは、雑用しかないので、秘書の方に頼み込んで業務時間外にお手伝いさせてもらっています」とのこと。

感激して、その日のうちにランチの約束をしました。

食事をしながらいろいろと話を聞くと、海外勤務が希望だと知り、彼の上司と相談した結果、私の部門で手がけていた海外プロジェクトのメンバーに追加。

そのプロジェクトをきっかけに、海外に転勤していきました。

自分にやれることを考えてやり続けることで、信頼関係は築いていけると感じた出来事です。

相手から何かしてもらうことを求める前に、自分ができることをする。それを基準に、ネットワーク構築のためのアクションプランを書き出してください。

アクションプランをレビューする

自分のほしいネットワークに対してどう信頼関係を築いていくか、アクションプランを書き出した後、私は、メンターで本社の役員とエグゼクティブ・コーチの三人でレビュー会議をしました。

会議では、目的設定が明確か、作るべき人脈として挙がっている名前が適切か、そして、アクションが可能かどうかを議論し、不適切な箇所があれば、修正を加えます。

それを達成するために、三ヵ月ごとにレビューを設け、達成できているかどうかを評価し、できていなければ、なぜできていないのか、どうやったらできるのかを議論し、アクションプランを修正し、実行するという、ＰＤＣＡサイクルを回していました。

本社の役員やエグゼクティブ・コーチと会議を行う理由は、トップマネジメントが人脈作りにコミットすることで、社内のリソースへのアクセスがしやすくなるからです。社内にどんな人がいるのか、自分ですべて把握しているわけではないので、他の人の観点が入ることで、もっと適切な人に行きつくことも少なくありません。

また、自分では「この人がいい！」と思っていても、トップの目から見たときには、もっと違う観点で人選をしている場合もあります。そのトップの目から見たときの人選のポイントを学べるのも非常に勉強になりました。

このように、必要なネットワークを特定し、そのネットワークを獲得するためのアクションプランを作り、実行していく。

このサイクルを回していくと、仕事にそして昇進に必要となるネットワークが確実にできていきます。
まずは、ネットワークの棚卸しをし、必要な人脈を特定し、そこへのアプローチプランを作り、上司や先輩、あるいはメンターに見てもらいましょう。そして、行動です。

〝戦略的に〟社内外に人脈を作る
ここがポイント！

❶ **ネットワークは「戦略的に二年で築き上げるもの」**

❷ **足りない人脈は、紹介してもらい、五つのアクションプランで獲得する**

❸ **まずは、自分が得意な領域で、相手のニーズにこたえる**

外交戦略3

女性リーダーに対する無意識の罠を知る

二〇一六年のアメリカ大統領選で惜しくも現トランプ大統領に敗れたヒラリー・クリントン氏。その選挙中には彼女が傲慢に見えることや感情的でリーダーには不適切だと批判する声や、もし大統領になったとしても、国民の支持がない弱い大統領になるだろうという記事が、連日新聞やネットをにぎわせていました。

確かに、大統領選に敗れはしましたが、本当に、ヒラリー・クリントン氏は傲慢で感情的でリーダーにふさわしくない人物なのでしょうか？

男性的に振る舞う女性リーダーには反発が起きやすい

私は二〇〇八年にGEインターナショナルの戦略・事業開発本部長に就任した際、エグゼクティブ・コーチからいくつかの論文や新聞記事を渡されました。

その中にあったある調査をもとに、女性が男性リーダーのように振る舞うことの危険性について説明を受け、「**成功している女性エグゼクティブは、男性的資質と女性的資質をうまくミックスさせている**」と教えられました。

この分野の研究はさらに進み、米ラトガース大学のラドマン教授らが二〇一二年に論文にまとめています＊。私は二〇〇九年に、ラドマン教授らの研究に参加したことで詳しい内容を知り、組織内での動き方を考えるのに重要な気づきを得ました。

＊Laurie A. Rudman, Corinne A. Moss-Racusin, Julie E. Phelan, Sanne Nauts, "Status incongruity and backlash effects: Defending the gender hierarchy motivates prejudice against female leaders", Journal of Experimental Social Psychology, Vol.48, No.1, January 2012, pp.165-179.

この論文では、「**男性が上、女性は下という暗黙の『性的地位』がわれわれの中にはあり、それと食い違う行為をする女性は反発を受ける**」ことを検証しています。

図表9　男性・女性にとって望ましい特性

特性	男女差（効果量）	男性にとって望ましいもの（平均値）	女性にとって望ましいもの（平均値）	典型（効果量）	社会的地位が高い人にとって望ましいもの（効果量）
男性にとって望ましいもの（上位5項目）					
キャリア志向	1.12	7.74	5.74	0.49	1.57
リーダーシップ能力	1.09	7.86	5.89	0.79	1.45
好戦的	1.03	6.16	3.91	1.36	0.43
自己主張が強い	1.01	7.26	5.2	0.78	1.39
自立している	0.98	7.67	5.57	0.65	1.23
女性にとって望ましいもの（上位5項目）					
感情的	-1.12	3.87	6.51	-1.49	-0.63
優しい	-1.03	6.07	7.99	-1.11	-0.47
子どもへの関心	-1	5.92	7.82	-1.29	-0.46
周囲への気遣い	-1	5.48	7.52	-1.02	-0.23
いい聞き役	-0.89	6.14	7.82	-1.18	0.07

注）人が持つ64の特性を挙げ、「その特性を持っていることが、男性/女性にとってどの程度望ましいか？」「社会的・文化的に上位/下位にある人は、その特性をどの程度持っていると考えるか？」という質問をし、「まったくそうではない」から「とてもそうである」までの9段階で回答。回答者によってばらつきがあるため、単純な平均値の差だけを見るのではなく、Cohen's dというグループごとの平均値の差を標準化した効果量も示した。表中の男女差は、「男性－女性」の値。
Rudman et al.,2012,pp.168 表1から上位5項目を抜粋し、著者作成

特に興味深いポイントは、次の二点です。

❶ 男性と女性の望ましい・望ましくない特性が異なる
❷ 社会的上位者に求められる特性が、男性に求められる特性と近い

順に見ていきましょう。

❶ 男性と女性の望ましい・望ましくない特性が異なる

論文では、「男性にとっては望ましいが、女性にはそうではない」特性として、「キャリア志向、リーダーシップ能力、好戦的、自己主張が強い、自立している」などが挙げられています。

一方、「女性にとって望ましいが、男性にはそうではない」特性は、「感情的、優しい、子どもへの関心、周囲への気遣い、いい聞き役」などが挙げられています。

❷ 社会的上位者に求められる特性が、男性に求められる特性と近い

リーダーなどの社会的上位者に求められる特性が、男性に求められる特性と近いことも、リーダーシップポジションに就く女性は知っておいたほうがよいでしょう。

「ビジネスセンス、高い自尊心、キャリア志向」などが社会的地位の高い人が持っている特性だと考えられています。それらは男性に求められる特性にすべて入っています。

このように、**社会には「男性はこうあるべき」「女性はこうあるべき」「男性はこうあるべきでない」「女性はこうあるべきでない」という暗黙のルール**があります。

好戦的な対応力でリーダーシップを発揮したのは、元東京都知事の石原慎太郎氏です。彼は多くの人が、強いリーダー像を思い浮かべる人物であり、男性である石原氏が「好戦的」な特性を持っていてもマイナスに評価する人は少ないでしょう。

しかし、女性リーダーが、「男性にとっては望ましいが、女性にはそうではない特性」を男性リーダーと同じように発揮してしまうと、傲慢だとか、横柄だと言われてしまうことがある

のです。反発が起こるだけでなく、ときにルールを破った人として、批判の対象となってしまいます。

当時、ある日本のニュース番組で、ヒラリー・クリントン氏が大きく相づちを打ちながら話を聞いていたのを「傲慢だ」「偉そうだ」と批評した方がいましたが、これが男性であれば何も言われなかったでしょう。クリントン氏にしてみれば、「本当にそうだと思ったからうなずいただけ」だったと思います。

残念なことに、ドイツのメルケル首相、イギリスのメイ首相、国際通貨基金（ＩＭＦ）のラガルド専務理事、連邦準備制度理事会（ＦＲＢ）のイエレン元議長をはじめ、**世界の主要国や国際組織を女性が率いていく時代になっても、このようなステレオタイプの見方は根強く残っているの**です。

では、女性リーダーは、どのようにリーダーシップを発揮していけばよいのでしょうか。

女性リーダーとして
どう振る舞えばいいのか？

女性リーダーには、男性リーダーに期待される役割と女性に期待される役割の両方の特性が不可欠だと理解したものの、自分がどうやって振る舞っていったらいいのか、当時の私は、非常に悩みました。

前述のエグゼクティブ・コーチからは、ペプシコのインドラ・ヌーイ氏が参考になると言われたのですが、メディアを調べてみてわかったことは、彼女がペプシコのお母さん的存在だということ。当時、私は社内のマネジメント層ではもっとも年齢が若かったこともあり、「職場のお母さん像」を狙うには無理がありました。

そんな頃に、社内プロジェクトで、ＧＥの副会長だった（二〇一七年末で退任）ベス・コムストックさんと直接仕事をする機会に恵まれました。彼女から、トイレで一緒になったときに二回声をかけられてアドバイスをもらうことができたのです。

一回目は会議でほとんど発言ができなかった直後に「あまり気負わず、思うことがあれば発言したほうがいい」というアドバイスを。

二回目は、私のプレゼンテーションに対して、「アジア人の女性がここまで積極的にプレゼンテーションをすると、ダイバーシティが進んでいるGEでも、**女性なのに自信がありすぎると思われてしまう**」というアドバイスをもらいました。

このとき**同時に、「私のスピーチは出席者によって変えているので、よかったら研究してみて」と教えてもらいました**。その後よく見ていると、内容は変えていないものの、枕言葉を変えたり、言い回しを工夫したりしているのがわかったのです。

ちょっと年上のお姉さん的な存在であった彼女から具体的なアドバイスをもらえたことは、私にはとてもうれしいことでした。そして、彼女を見ることで多くの学びを得ました。彼女は自分が苦労したことを、お説教ではなく建設的なアドバイスとして、あるいはヒントとして、男女関係なく、提供していたのです。

前述のラドマン教授らが調査した、女性として持っているのが望ましい特性、「**周囲への気遣いが細やか**」で「**手助けを惜しまない**」ところが、彼女が周囲から評価される点なのでしょう。お母さん的手法でなくても、女性に求められる特性をリーダーとして出す方法があることを教えてもらったプロジェクトとなりました。

その後、いろいろとテストしてみたところ、**昇進するまでは、女性がリーダーとして足りないと思われている特性（自信や戦略性など）が足りないと思われないように普段よりも一二〇％出す必要があるが、昇進したら、その表現を八〇％程度にする**と、批判を避けやすくなる、ということがわかりました。

また、以上の目安は、自分のことを知っている人たちの中で仕事をするときのものです。**自分のことを知らない人たちの中で働く場合は、社内での表現の半分以下までレベルを下げる**ように心がけるとよいでしょう。

また、**発言の中身は変えなくても、枕言葉を多用することで、**「**印象**」**をコントロールする**

ことはある程度できます。

たとえば、自分の意見を言うときには、必ず「……と思っています」「いろいろなご意見もあると思いますが……」などの言葉を入れます。

キャリア女性が使うとマイナスと言われている表現方法ですが、**登用されるまではマイナスでも、登用された後、周囲から反発され、つぶされないためには大切なテクニックです。**

自分がここまでやるのは嫌と思わない範囲で、女性に求められる役割を果たすことで、周囲、特に男性から無用な批判を受けないリーダーシップ・スタイルを築くことができるのです。

自らの中にある偏見をSEEDSモデルで知ろう

女性リーダーに対しては、リーダーへの期待と女性への期待という二つの相反する期待やバイアスがかかるため、振る舞い方について、男性リーダーにはない難しさが存在することがおわかりいただけたでしょうか。

そのバイアスの存在が、ダイバーシティ&インクルージョンが重視されているにもかかわらず、現実社会においてはなかなか浸透しないことに影響しています。

バイアスによる影響にうまく対処するには、まず、どういうバイアスがあるのかを理解する必要があります。その理解のためには、米ニューロリーダーシップ・インスティテュートが提唱するＳＥＥＤＳモデルが有効です。

ＳＥＥＤＳモデルは、意思決定の際に起きるバイアスとその対策について次のように定義しています。

❶ 類似性バイアス（Similarity）

他者を評価する際、**自分と似ている人（民族、宗教、社会経済的地位、職業など）をより高く評価する傾向**のことを言います。

類似性のバイアスを緩和するには、異なるように見える人との共通点を見つけることが有効です。

共有する目標、価値観、経験、嗜好にフォーカスし、バイアスがかかりやすい性別や出身校、所属企業等の属性情報を頭の中から削除することです。

❷ 便宜性バイアス（Expedience）

複雑な計算や分析から結論を導き出さず、急いで意思決定をしようとする際に起きやすいもので、自分にとって正しく感じられることかどうか、**相手がその結論に合意しそうかで判断する傾向**のことを言います。

便宜性のバイアスを緩和するには、締め切りを緩めて選択肢を検討する時間を増やしたり、**問題を要素に分解することで、問題の複雑性を簡素化**したり、より多くの人を巻き込み**外部からの意見を得る**ことや、**意思決定をする前に強制的な冷却期間を置く**などのやり方があります。

何か大きなことを**決める前に、三十分の散歩**をする、十五分のお茶をするなど、自分なりの**冷却期間を置く手段**を持つことが有効です。

❸ 経験バイアス（Experience）

自分が見たこと、経験したことが正しいと思い込むことです。

一緒に働く人の間で誤解を生む要因となります。物事を異なった視点で見る人を、間違っている、うそをついていると思うようになる場合もあります。

間違っている人であるという偏見を持っていると、相手を納得させるのが非常に難しくなります。他人に影響を与えたり、アイデアを売り込んだりするときによく見られるバイアスです。

経験バイアスは、チームやプロジェクトに所属していない人から定期的に意見を求めるなど、他人の目を通すことでその有無を判断できます。

❹ 距離バイアス（Distance）

時間的・距離的に近い場所で起きた出来事に、無意識に大きく影響されることです。たとえば、アフリカで起きている暴動よりも、日本国内で起きた災害に心がざわつき、寄付をするという決断をするケースはこのバイアスに起因しています。

本来、ビジネスを拡大すべき領域にもかかわらず、地理的に遠いという理由でビジネスプランの中で過小に計画されたりします。

このバイアスへの対処は、「時間的・距離的バイアスがかかっていないか？」という観点で、意思決定を評価することです。

❺ 安全性バイアス（Safety）

正の情報よりも負の情報がより顕著に動機づけられる傾向のことを言います。

取引や投資の検討をするときに、**潜在的な利益機会よりも、損失の可能性を強く認識してしまう**ことなどがその例です。

安全性バイアスは、リスクやリターンの確率、金・時間・人などのリソース配分に関する決定に影響を与えるため、財務上の意思決定や投資判断、リソース配分、戦略策定や実行に影響を及ぼします。

たとえば、すでに投資されているリソースのために、既存のビジネスと競争する新しいイノベーションに投資しないという判断をした場合は、安全性バイアスが働いています。

安全性バイアスの対処法は、意思決定をする際に、自分の組織のためではなく、まったく知らない組織に対して同じ意思決定を行うか？と自問自答することです。客観性を持つことで、バイアスによる不適切な意思決定を軽減できます。

クリントン氏はどのように振る舞うべきだったか？

バイアスを完全に取り除くことは、現実的には不可能でしょう。ただ、今後、女性がリーダーとして受け入れられていくためには、ＳＥＥＤＳモデルを参考に、バイアスを緩和するための対策を講じておくことが不可欠です。

たとえば、二〇一六年のアメリカ大統領選挙で、女性初の大統領を目指したヒラリー・クリントン氏の敗北の裏には、若い女性たちからの反発がありました。もし、クリントン氏が類似性バイアスを念頭に対応を検討していれば、選挙結果は変わっていたかもしれません。

クリントン氏の「私はクッキーを焼くような女ではない」宣言が、家庭的なことも大切にしたいと思う人を敵に回してしまった可能性があります。クリントン氏は、このように受け止められる可能性があることを事前に想定し、公の場での発言を断定的なものにしないことを考えるべきだったでしょう。

そのほか、経験バイアスを検討していれば、シングルマザーや地方の人たちがどのような生活をし、何を政府に求めているのか。自分や自分と同類の人たちの経験だけでなく、幅広くヒアリングし、政策に反映することも可能だったのではと思います。

クリントン氏の敗北から学べることとは、**自分と同じ価値観を持った人たちばかりとつき合うのではなく、仕事や日常生活の中で多様な人たちとつき合う**ことを意識することが、女性リーダーとして成長していく上で不可欠ということです。

多様な人をリードしていくには、相手はどういう価値観なのか、何を大事にしているのか、それを踏みにじらないように配慮することもリーダーに求められる資質です。

「日本には、いい女性リーダーがいない」と言う人はとても多いのですが、本当にいないのでしょうか？

自分の心にバイアスがかかっていて、無意識に人を性的役割に合わせて評価してしまっているのではないでしょうか？

クリントン氏についても、「男性がそれをやったら傲慢に見えるのか？」と自分に問うてみると、バイアスがかかった判断をしているかどうかがわかります。

そして、あなたが女性なら、自分も同じように周囲から見られていることを、一度、意識してみることです。

女性に求められているリーダーシップ・スタイルについてより学びたい人は、スイスのビジネススクール・ＩＭＤのトーゲル教授が書いた『女性が管理職になったら読む本』（日本経済新聞出版社、二〇一六年）がお勧めです。この本では、前述のラドマン教授らの論文をはじめ、女性管理職が知っておくべき、ノウハウが紹介されています。

女性リーダーに対する無意識の罠を知る

ここがポイント!

❶ いまだに、「男性が上、女性は下という暗黙の『性的地位』が、男性の中にも女性自身の中にもあり、それと食い違う行為をする女性は、男性からも女性からも反発を受ける」という事実を知っておく

❷ 女性リーダーに対しては、リーダーへの期待と女性への期待という二つの相反する期待やバイアスがかかるため、振る舞い方について、男性リーダーにはない難しさが存在する

❸ 代表的なバイアスを知った上で、それへの対処法、女性に求められているリーダーシップ・スタイルを考えていく必要がある

外交戦略4

女の武器になる？「女性〝性〟」の使い方を知る

「あの人、女の武器を使って大型の契約取ったのよ」「失敗を泣いてすますなんて女の武器を使って許せない」など、女性が成果を上げたり、失敗したときに泣いたりすると、こんなうわさが立つことがあるでしょう。

女の武器と言ったときに、二つの側面があります。

❶ 涙をはじめ、意図的に「女の武器」を使うケース
❷ 性別への「周囲の期待」で、無意識に女性という性を使っているケース

本項では、この両方のケースについて、考えてみたいと思います。また、最後に「女性」で

ある以上、逃げられない「セクハラ」についても私の意見をまとめてみました。

❶ 涙をはじめ、意図的に「女の武器」を使うケース

「女の涙が仕事の武器になる」と思っている女性は少ないと思いますが、まだまだ女の涙は武器として通じる社会が現実として存在します。

さらに、武器は涙だけではありません。**自主的に、あるいは強要されて、若さやキレイ・かわいいを売りにしたり、見せたり、触らせたり……**というケースもあります。

涙などをうまく使い、前項でご紹介した「女性リーダーが持つバイアス」を乗り越える人もいます。

逆に、女の武器を使ったと思われたり、女性が持つネガティブな側面を取り上げられたりして、マイナスに評価される場合もあります。

自分の意志で女を使うのか、それとも他人から強要されて女を使うのか、あるいは、無意識に女を使ってしまっているのか、はたまた、女を使ったわけではないのに女を使ったと思われてしまうのか。

どのケースにしても、**仕事をしていく以上、女性という「性」とはつき合っていかなければならない**のです。

ここでは、女性リーダーの事例から、女の武器の使い方について考えてみましょう。

小池百合子の涙は、支持率二〇%アップの価値がある⁉

女性の涙は、効果的に使える場合があります。

たとえば、**東京都知事の小池百合子氏は効果的に「女性性」を使っている**と私はウオッチしています。

二〇一六年七月の都知事選挙で当選し、八月二日に初登庁。小池都知事に東京都という巨大組織がマネージできるのか、初の女性知事として大改革ができるのではないか、など、いろいろな不安や期待がある中で、就任後しばらく八割前後の高い支持率を誇っていました。

しかし、十二月に支持率が大暴落。

その背景には、二〇二〇年の東京五輪競技施設の見直し問題がありました。小池都知事が打ち上げたボート・カヌー会場の宮城・長沼移転は消滅し、海の森水上競技場に逆戻りするなど、彼女が切り込んだ五輪経費削減は、各方面との調整不足が露呈され、多くの人を巻き込んだドタバタ劇となり、結果はさんたんたるものでした。

この二〇二〇年東京オリンピック・パラリンピックの開催費用や豊洲市場移転問題などで「戦う女」のイメージが濃厚につき、自己主張が強い、好戦的、思い込みだけで動く、言動が強いなど、女性にとっては望ましくない特性が多く取り上げられました（男性・女性にとって望ましい特性は、一五六ページを参照）。

そんな矢先、彼女の印象をガラっと変える出来事がありました。

二〇一七年一月十七日に、第八十三回ＮＨＫ全国学校音楽コンクール小学校の部で四年連続金賞を受賞した東京都の日野市立七生緑小学校合唱団の表敬訪問を受け、児童の歌声を聞き、「涙が出ちゃいました」と何度も目元をぬぐったというニュースが出たのです。

翌日はこの涙のニュースで持ちきり。都職員も「見たことがない」と驚くコメントを出すなど、「まさかこの人がこんな場面で泣く？」と私の周囲でも大きな話題となりました。

テレビを見ながら、私は、「〝男性的に振る舞う女性リーダーに対して反発が起きやすい〟ことがわかっていて流した涙ではないだろうか？」と感じました。

図表10　小池百合子東京都知事の支持率の推移

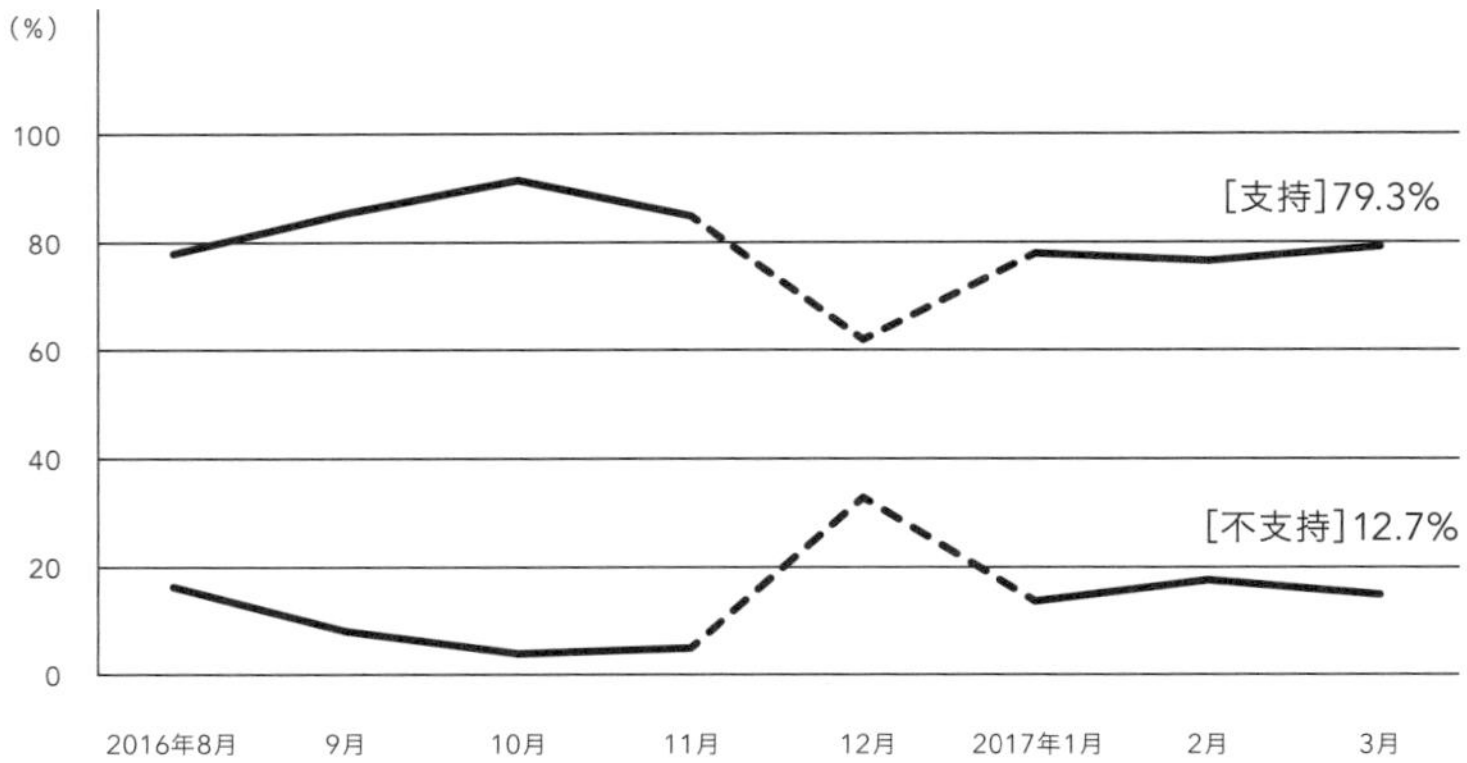

昨年十二月は東京五輪競技施設の見直しなどで小池氏が成果を上げているか聞いた
産経新聞社・FNN合同世論調査をもとに作成
URL; http://www.sankei.com/politics/news/170321/plt1703210006-n1.html

「女性リーダーに対する無意識の罠を知る」の項で説明した**女性リーダーに対する批判を避けるために、あえて涙を見せることで、女性性をアピールした**小池百合子氏。

そして、それを見事にメディアが取り上げ＊、日本中の人が、「この人はやっぱり優しい人なのだ」と感じるような、好感度が上がるサイクルを作ったのです。

＊産経ニュース「小池百合子都知事「涙が出ちゃいました」小学生合唱団の歌声に感動」（二〇一七年一月十八日配信）
URL; http://www.sankei.com/politics/news/170118/plt1701180026-n1.html

その後、この涙だけが理由ではないと思いますが、支持率は七九％まで回復しました。

しかし、小池都知事ほど、みんなが戦略的に自分の行動を抑制できるわけではないし、人がどのようにその行動を「読む」のかを推測するのも難しいものです。小池百合子氏だからできた「涙」の使い方でしょう。

いつ、どこで、どのように泣いて、それをどのように人が受け取るのか。すべて計算し尽くした上で泣かなければ、効果はないし、涙を使ったことによって受けるデメリットもあります。

一度ならず、二度・三度と使っていくと、「あの人は女の武器を使う」とレッテルを貼られるので、**その後どんなに成果を上げても、「女を使った」と評価されるの**は間違いありません。

使うのは非常に難しい武器ではないので、用法用量をしっかりと守り、戦略的に使えるならば使うのはアリかもしれませんが、「うまく使えないなら使わない」方針がよいのではないかと思います。

❷ 性別への「周囲の期待」で、無意識に女性という性を使っているケース

かわいいから・若いからやってもらえる。
女子だからやらなくていい。

女性が仕事をしていく上で、実はこのようなケースは少なくないと思います。

たとえば、極地への出張。「女の子だからそこまで苦労させないほうがいい」と男性側が気を使ってくれている話はよく聞きます。

私は、「女子だからと気を使わないでください！」と言って、その言葉通りに上司が行き先のことを何も考えずに送り出してくれた場所が虫だらけのひどい環境だったことがあります。このときは、さすがに「あの仕事は他の人にしてもらったらよかった！」と泣きました。同時に「こんな環境でも仕事をしている人たちは偉すぎる」と、同僚の男性（女性は一人だけだった）たちを尊敬しました。

できれば他の方法で学びたかったと思うこともあります。

でも、女性という理由でそのプロジェクトを免れていたとしたら、それは私のキャリアにマイナスだったと思います。

私の友人は、大学のミスコンで優勝した超がつくほどの美人。

重い荷物は周囲の男性陣が持ってくれたそうで、「私、こんなの持てないわ」とよく言っていました。

その彼女は、今は某社の役員になっているのですが、「**おばちゃんって呼ばれる年になってはじめて知ったわ。美って衰えていくのよね。残るのは、自分の実力だけ。みんな、おばちゃんになって困らないようにちゃんと仕事するんだよ！**」と飲み会で語っています。

彼女ほどの美貌を持たなくても、みなさんも若いから・かわいいからという理由で、何かをやってもらえたり、やらなくてすんだりしたことはあるのではないでしょうか。

しかし、**「かわいい」を武器にし続けることはできません。ポジションが上がっていくにつれて、自分の武器を変化させていく必要がある**のです。

そこで、「かわいい」という武器から脱却できなかった事例もご紹介しましょう。

「かわいい」が通用しなかった五十代の女性大臣・稲田朋美

少し前に、私の周囲で、かなり話題に上ったのが、元防衛大臣の稲田朋美氏。

公的なリーダーの立場にたっても、かわいいポジションから脱却せず、リーダーとしての資質を疑問視され、防衛省内部の反発を買ったと評されています。

自民党内では、彼女の女性らしいかわいらしいルックスも含めて、ご年配の政治家たちからずいぶんとかわいがられてきたと聞きます。

しかし、第十五代防衛大臣として、二〇一六年八月三日に就任してから、自身の発言をはじめ、自衛隊の南スーダン国連平和維持活動の日報問題など数々の失態をおかし、いばらの道を歩みました。

写真6　参院選の応援演説に登場した稲田朋美氏（二〇一六年七月六日）Photo ／ Aflo

いばらの道となった理由は、**彼女が女性だったからではなく、防衛省のトップというポジションにはふさわしくない振る舞い・言動が、キャリアを確立していくために彼女自身が利用していた「女性性」の延長上にあったからだ**と私は見ています。

「かわいい」を利用し、キャリアを確立できたのは、自民党という中の組織にいたとき、しかも年配の「中」の人たちに囲まれていたときはプラスに働いていたでしょう。しかし、いったん、大臣という「外」のポジションに就いたならば、それを変えなければ、リーダーとしての立場は確立できません。

というのも、私はGEにいたとき、「**ノーリボン、ノーフリル！**」と常に言われてきました。リボンもフリルも「かわいい」の象徴で、**かわいさをアピールするのは、女性リーダーにとってマイナス**。

「実力ではなく、お飾りでそのポジションにいるならばいいが、適切に扱われたいのであれば、絶対にフリルもリボンもつけるな！」と言われ続けました。

職務にあった、TPOにあった服装の中で自分の好みを取り入れることがリーダーとして求められます。

特に、女性リーダーの場合、前例も少ないため、さらに厳しい目で見られる中で、稲田元防衛大臣は就任翌日、防衛省で儀仗隊の栄誉礼を受けたときにはウエストの大きなリボン、海上自衛隊横須賀基地での護衛艦「いずも」の視察では高いヒールの靴で登場し、非常識とたたかれました。

さらに、東京都議選の応援演説での失言による更迭が確実視された中で、ピンクのラメ入り口紅に、まつエク（まつげエクステンション）姿が報道されたときには、「バービー人形になるには、もはや年齢がいきすぎでしょう。見ていてイタイ」と言われていました。

そして、二〇一七年七月二十八日の防衛大臣辞任。

「かわいい」ルックで、リーダーとしてはみなされなかった点は否めません。

女性という「性」であるため、周囲が無意識に「やってくれている」「やらなくていい」と判断して取っている行動に気づかず、甘えてしまった結果、身につけなければいけなかったスキルが身についていなくて、気づいたときには遅すぎた、ということにならないために、まず大切なのは、そういうものがあるということに気づくことです。

若さもかわいさも、年齢とともになくなっていくものなので、それが使えるのは、キャリアの初期のほんの十〜十五年足らずです。

その先、七十歳前後まで働くとして、その後どうやって三十〜四十年のキャリア人生を生きていくためのスキルを身につけるのか、冷静に考えてみる目を養ってください。

「女性性」を超えて、スキルを作る方法

「女性性」を超えて、スキルを作る方法については、本書と同時に上梓した『自由に働くための仕事のルール』（ディスカヴァー、二〇一八年）に詳しく書いているので、詳細はそちらに譲

ります が、大切なのは、客観的に自分を評価することです。

自分の一つ上のポジションに必要なスキルと経験を積めているのか、冷静に判断してみましょう。

足りていないところは、どうやって身につけていくのか、常に自分のスキルをチェックし、行動に移していくことで身につけられます。

ある女性営業職の方から受けた相談です。

「顧客の九九%が男性で、相手に気に入ってもらうところまでが、女性営業の仕事で、気に入ってもらえたら男性の上司が出て行って契約を決めてきてしまう。自分は〝女性〟に頼って営業をしているのではなく、男性に負けない知識を持っているのに、やらせてもらえない」

彼女は、自分は業界知識も営業力もあり、クロージングまでできると言い、若い女性だから任せてもらえていないと思っていました。

はたして、この認識は適切な評価に基づくものでしょうか。

このケースの場合、適切な営業スキルがついているか、図表11の営業プロセスと照らし合わせて本人にヒアリングをしてみた結果、**実はそこまで細かく考えておらず、計画・戦略の部分は自分で作ったこともなく、実際には言われた先だけ回っていて、アフターフォローもしていなかったため、評価は適正ではないとわかり、これから足りないところを身につけよう**という話になりました。

自分の仕事で必要なスキルは何か。

図表11　営業プロセス

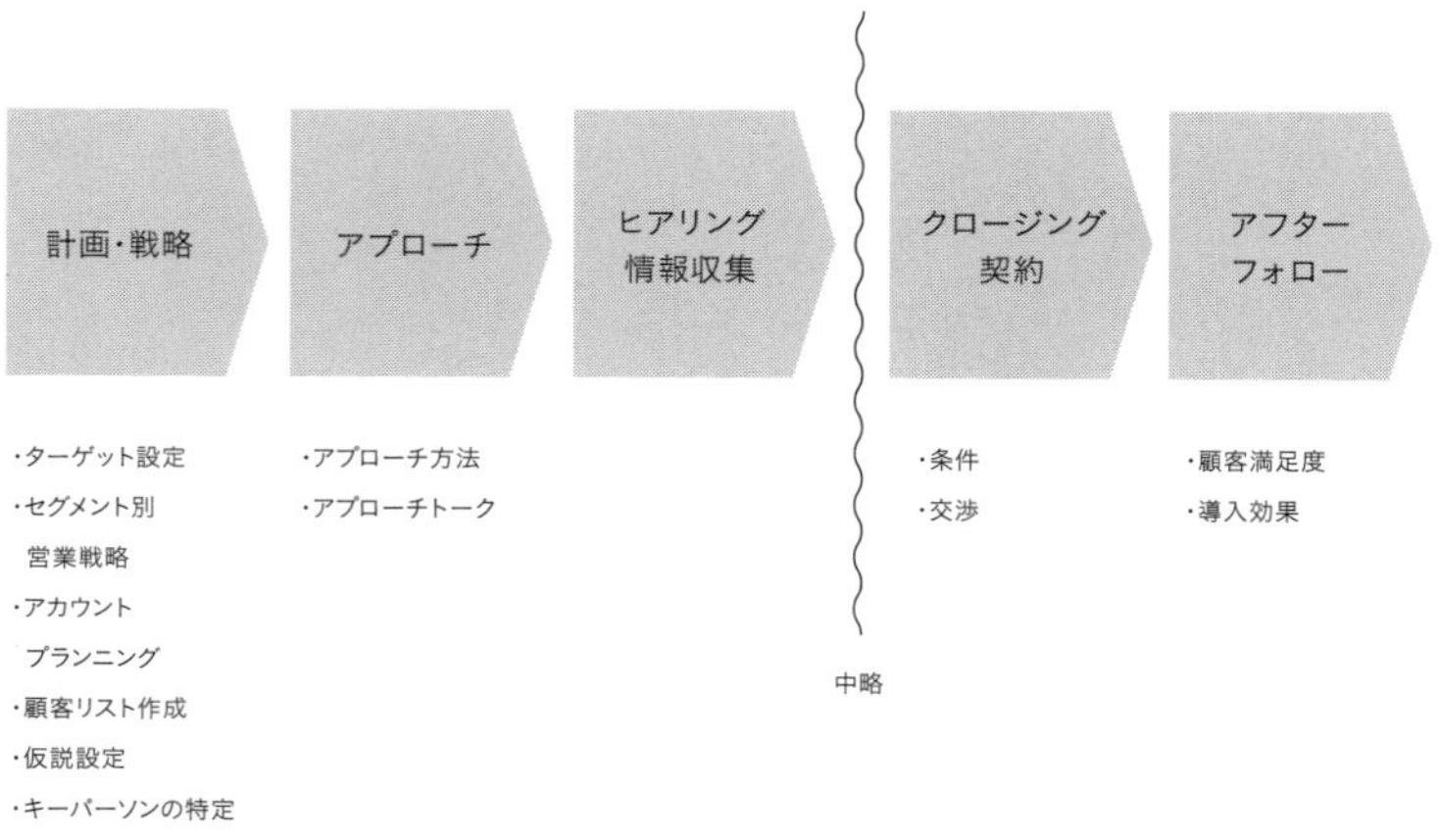

それは、男女問わず同じものであるはずです。

それが身についているかついていないかを冷静に評価することが、「性」を超えて身につけるスキルです。

女性だから出遭ってしまう
セクハラへの対処法

女の武器について説明してきましたが、そうはいっても、女性だから遭遇するセクハラにはどう対処すべきでしょうか。

私自身がかなりセクハラに遭ってきていることもあり、若い女性からセクハラ対策相談をよく受けます。

精神科医やセクハラの専門家ではないので、間違っているかもしれませんが、私は、セクハラは、自分の持っている力を利用し、自分の思い通りに相手をコントロールしようとすることが要因で起きるのではないかと思っています。

ポジションが上の人や力を持っている（と思われている）人が、性的行為を強要してしまうケースのほとんどがこの要因で起きているのではないでしょうか。

セクハラ対策として、私は三つに分けて考えています。

❶ セクハラに遭う前にできる対策

普段の何気ない会話から、**「この人は人に対して優劣をつけているな」と思う人は要注意人物**とマークしましょう。

特に、自分の人事権や評価権を持っている上司で、男女差別的と受け取れるような発言をする人は要注意です。

危ない人物が特定できたら、**その人の上司や社内外で競合となりうる人を味方につけていってください。**

人に対して優劣をつける人は、自分が「劣」と評価されることを嫌います。

上司の評価にも敏感ですし、競争相手に有利になるような情報・行動は慎んでいるはず。

いざ、トラブルが起きたら、その人たちに駆け込めるようにしておきます。

また、**女性の先輩・同僚などにセクハラ対策の相談ができるようにもしておきましょう。**

他の人にセクハラをしている場合は、一人で訴えるのではなく、集団で訴えたほうが信ぴょう性も上がるし、つらさも共有できます。そこまでいかなくとも、助け出してもらえるサポートをしてもらえるでしょう。

以前、仕事のインタビューがどうしても取れないある著名人がいたのですが、女性コンサルタントであればインタビューを受けると言ったため、私が送り込まれることになりました。

その頃、私は仕事ができず、どんな仕事でもやっていかないとクビになる立場だったので、上司から「寝てでもインタビューを取ってこい」と言われても反論できずにいました。

先方からは、「夜に一人で来ないと会わない」と言われているし、どうしたものかと女性の先輩に相談したところ、いくつかの策を伝授してもらいました。また、本当に何かあったときに、逃げるタイミングを作るための仕込みもしてくれました。

助けてくれる人を作っておくと、困難なことに立ち向かうときにも、一人でもんもんと悩まずに済み、また、前に同じ道を通った人が、その乗り越え方を教えてくれる場合もあるのです。

❷ セクハラしそうな人と会わないといけなくなったときの対策

セクハラしそうな人だなと思う人と会わなくてはいけなくなってしまったときは、できるだけ、一対一で会わないようにしましょう。

よくある事例として食事に誘われるというケースがあります。

私は誘われたら「**同じ部署の○○さんも誘いま〜す**」と**明るく伝え**、**少なくとも四〜五人で行く**ようにしています。

このときにもやはり前述のような仲間を作っておくこと。お互い、それぞれのピンチのときには、仕事が残っていても助け合おうと決めておくと、いざというときに食事などに一人で行かなくてすみます。

また、**恋人がいることなどが事前にしっかりと相手に伝わるようにします。**

若い頃に、父から「虫よけ」という言葉とともに、婚約指輪に見間違えるほどのキューピックジルコニアの指輪をプレゼントされたときに言われたことがあります。

「婚約しています」「結婚しています」という言葉に、多くの日本人の男性は「じゃあやめておこうかな」と躊躇するそうです。

だから、たとえ婚約者がいなくとも、結婚していなくとも、常に指輪を左手の薬指にしておきなさいと言われました。

「自分が結婚したいほど素敵な人が現れたときだけ、そっと外すんだよ」とも言っていましたが（笑）。


さらに、必ず高性能なボイスレコーダーを携帯電話とは別に持って行っています。それは、証拠を残すためです。

防衛しなくてもいい社会になってほしいといつも思いますが、まだまだ女性が働きやすい社会になるには時間がかかりそうです。

備えあれば憂いなしで、準備はきちんとしておきたいものです。

❸ セクハラに遭ってしまった後の対策

セクハラに遭ってしまったら、まず、**証拠を保全すること**を考えましょう。すごく嫌なつらい目に遭ってしまって、そんなことは考えたくない。その気持ちはとてもよくわかります。

私は以前、精液をかけられたジャケットを捨ててしまったため、証拠不十分となってしまいました。一刻も早くセクハラされたことを思い出すようなモノから離れたくて、泣きながらジャケットを駅のゴミ箱に捨ててしまったのですが、それは証拠として残しておくべきものだったのです。

だから、やれることはやりましょう。

メール、LINEなどの記録など、すべて取っておきます。撮影などで記録を取っておきます。病院の受診記録も残しましょう。

もし、メールなどがない場合でも、詳細に記録を残しておきましょう。日時、場所、誰が一緒にいたか、セクハラをした相手の名前・社名・ポジション、相手が着ていた服などを記録しておきましょう。

そして、早いタイミングで、弁護士や味方でいてくれる友人に相談をし、もっとも適切な方法で相手に対しての措置を取りましょう。

組織で力を持つポジションに女性が登っていくことで、「女性性」を仕事の場で使う・使わせる頻度は減っていくと思いますし、また、セクハラなどへの対策は広くとっていくことができると思います。

性によるバイアス、セクハラ・パワハラの研修を全社員に繰り返し受けさせていくことで、セクハラをした人を野放しにすることも減っていくでしょう。

会社の文化を変えていくことができる。女性が働きやすい会社を作っていける。それが、女性が上に上がっていくメリットの一つだと思います。

最後に、女性のエグゼクティブが若い男性へセクハラするケースも出てきています（しかも日本で）。

以前働いていた大企業で何人かの男性社員から相談を受け、彼がカラオケに呼び出されたときに同行をし、現場をチェック。明らかにセクハラなので、やめるように促したこともあります。

それぞれの人間関係で、セクハラになったり、セクハラにならなかったりするでしょう。だから一概にすべてのケースがアウトだとは思いませんが、自分が自分の役職のパワーを使って、役職が下の人にハラスメントをしていないか、ポジションが上がっていけばいくほど、私自身を含め、女性側も気をつけていかなければいけないのだと思います。

女の武器になる？「女性〝性〟」の使い方を知る

ここがポイント！

❶ 涙を流すなど、意図的に「女の武器」を使うならば、実力で成果を上げても、「女を使った」と評価をされることを覚悟の上で行うこと

❷ 周囲の期待によって、無意識に「女性性」を使っていることがあることに気をつける。若くてかわいいからという理由で、周囲が甘えさせてくれているあいだに、スキルを身につける機会を失い、年をとってから通用しなくなることもある

❸ セクハラに遭わないよう周囲の協力を得ながら、万全の対策をとっておくもしセクハラ被害に遭った場合も、泣き寝入りすることないよう証拠保全をする

外交戦略5

「女の敵は女?」女性部下とのつき合い方を知る

クリントン氏がアメリカ大統領選挙の敗北演説で、若い女性に未来を託しながら、「きっといつかガラスの天井を打ち破れる」と語ったことに感動したという方も少なくないでしょう。敗北というつらい気持ちもすべて受け止めた上で、負けたからできることをする。クリントン氏らしいスピーチだと思い、私も胸を熱くしました。

しかし、このスピーチを聞いた若い友人は、「偉そうに説教ですか。落ちて当然ですよ」と語り出したのです。

「男勝りに仕事をしてきた人は、女性の代表にはなりえない。このスピーチは『私はこんなにできるのよ』と誇示しているとしか思えない」と言うのです。

四十五歳以上の女性には人気があったクリントン氏ですが、負けた後であっても、若い世代とのギャップは埋められなかったということなのでしょう。

友人の発言は、今までのクリントン氏の仕事のやり方だけでなく、これまでの発言も含めた彼女への評価なのです。

日本でも、**男性化した働き方をしてきた男女雇用機会均等法世代と、プライベートも大事にしながら仕事をしようと模索している若い女性たちとのギャップ**が問題になっています。「ロールモデルがいない」「あんな働き方をしてまで出世したくない」という若い女性からの声は、社内でもよく耳にします。

こうしたギャップに対処するには、「そんな発言をするなんて信じられない！」と切り捨てるのではなく、**いろんな価値観を持った人やさまざまな境遇の人が社会・組織にいることを忘れず、理解しあい、お互いに共感できるポイントを増やしていく**しかありません。

組織のリーダーシップポジションに就いている女性は、クリントン氏への若い女性の思いは、自分に対する若い女性社員からの思いと重なるところがあると理解する必要があるのです。

女性リーダーの悩みのタネは、女性部下

若い世代である女性の部下との価値観のギャップや扱いに困っている人は、実はかなり多いのではないかと思います。

二〇一三年の総務省の調査では、女性の労働人口は二八〇四万人と二〇一二年よりも三十八万人増加しています。そして、女性管理職は、他国と比べてかなり低いと言われても、一一％に増えています。昔よりも、女性上司が女性部下をマネジメントすることが多くなっているわけです。

その結果、私も、女性マネジメントの知り合いと飲みに行くと、「女性部下とのつき合い方」のお悩み相談会になることもしばしばです。実際の相談内容をいくつかご紹介しましょう。

大手日系企業の部長職にある四十代独身女性は、妊娠した部下から「**あなたは子どもを産んだことがないから、まったく参考にならないんで、私の仕事のやり方に口出ししないでください**」と言われて困っているそうです。「自分の部下なのに、他部門の子どものいる課長に相談

に行かれて、指揮系統がめちゃくちゃになっている」と嘆いていました。

外資系本部長の三十代女性は、「**女性スタッフがいつもため口で、お友だちとしか見てくれない**」とため息をついています。「困っていることはなんでもオープンに話してください」と就任時に部門ミーティングで言ったところ、プライベートの恋愛相談まで持ち込まれて、仕事がまったく進まないそうです。お友だちなのか、上司なのか……。彼女は、自分のポジショニングを日々悩んでいます。

女性部下の扱いの難しさの理由の一つは、**女性とひとくくりに言っても、その中身は実に多種多様**だということです。特に最近では、女性の生き方が非常に多様化しています。同じ三十代女性の中でも、キャリア志向の人もいれば、家庭志向の人もいるし、両立を目指している人もいます。出世に興味はないけれど、会社には残りたいと思っている人、そして派遣社員など限られた期間だけ働く人もいます。

男性は一般的に正社員で総合職的な立場になることが多いため、気を使わずにすむケースが多いのですが、女性の場合は多種多様に分かれる上に、お互いを意識して、感情的になる場合もあります。同じ女性とくくられてもなかなか相手を理解しきれないのです。

女性上司の数が少ないがゆえに、その行動が目立ってしまう面もあります。「同じ女性同士、気持ちがわかるはずなのに、なんであんなマネジメントしかできないの？」と、周囲から見られてしまうこともあります。女性同士ならではのやりにくさというのも、ときにあるのです。

実際にこれはある知人の男性から聞いた話ですが、彼の上司の女性は、明らかに苦手にしている女性部下が周囲から見てわかるそうです。そして、その人に対する態度が他の部下とは違っているのを見ていると、「上司としてちょっと問題あるなぁ」と思うのだそうです。

精神的にも物理的にも巻き込まれないようにする

では、女性部下との問題に、どう対処していけばいいかという話ですが、まずは、「**自分は女性部下に対して厳しすぎやしないか？　だから女性部下とうまくいっていないんじゃないの**

か？」と内省するところから、スタートしましょう。

胸に手をあててどう考えてみても、「自分側の問題よりも相手側に問題！」と思う場合は、まずは、**女性部下自身の持つ問題が原因のトラブルに巻き込まれないように、自分のスタンスを取る**ことです。

巻き込まれるパターンは二つあります。一つは、精神的に巻き込まれるパターン。もう一つは、物理的に巻き込まれるパターンです。この両方に対して、対策をとる必要があります。

ひどいことを言われて気分を害したり、ストレスを感じたりしてしまうことが、精神的に巻き込まれるパターンです。

この次に起こるのは、女性部下にあることないことを言われて、マネジメント能力がないと見なされ左遷されたり、仕事をストップされてプロジェクトが頓挫したりするなど、物理的に巻き込まれるケースです。

その両方に陥らないように、精神的にも物理的にも巻き込まれないポジションを確保することが不可欠です。

最初にしておくべきは、**周囲との関係を構築しておく**こと。

周囲と信頼関係ができていれば、特定の女性部下が陰口をたたいても、「あぁ、また言われてるな、かわいそうに」と思ってくれて、周囲を巻き込んだ大きなトラブルに発展することは少なくなります。

また、**常日頃から周囲に公平であることを納得してもらう言動を取ること**です。

陰口を言わない、誰から頼まれても好き嫌いをせずにきちんと仕事をするのは当然です。男女問わず部下に対して公平にものを頼み、情報を開示するなど、誰に対してもフェアにつき合っている人であれば、一人の人と険悪になっても、それはたまたま〝相性がよくない〟と見てもらえます。

仕事をサボタージュされる前に、進捗状況をしっかり管理し、一対一の関係にせずに、一対多の関係に持ち込んでおくことも大事です。あなた個人に対してのサボタージュではなく、女性部下が大事だと思っている人たちに対してもサボタージュをすることになるように、仕事を振り分けておくのもポイントです。

昇進すると周囲から浮き、孤独を感じる女性が少なくありません。だからといって、今までと同じように、〝同僚〟としてつき合うのではなく、〝リーダー〟として振る舞っていくことが求められています。

リーダーとして振る舞うことで、仕事の指揮系統ははっきりします。**自分が「みんなから好かれたい。だから、リーダーらしく振る舞うのはやめよう」と思っていないかどうか**、考えてみてください。それが、女性部下をマネジメントしにくくしているかもしれません。

「女王蜂症候群」にかかっていませんか？

このように、〝女性部下問題〟に悩んでいる女性は多くいますが、一方で、部下の側からも、女性上司に対する不満も、同じ数だけあるわけで、私自身、日系大手メーカーに勤める執行役員の女性から、ある女性マネジメントが特定の女性スタッフに対して異常に感情的に接していて、はたから見ていてもおかしいと思えるほどだ、という話を聞きました。

社内で、女性スタッフに対する同情論が巻き起こり、その女性マネジメントに対して「仕事では優秀だけど、やっぱり女性に女性の管理は無理なのでは？」と悪評が立ってしまっているというのです。

実際、「女の敵は女」を裏づけるデータや研究も出てきています。

一つは、二〇一〇年の米ワークプレイス・ブリング・インスティテュートによる、職場のいじめにおける男女差を調べた調査結果です。それによると、「**女性は女性の扱いが苦手**」という傾向が表れています。四〇％の女性加害者は八〇％の女性に敵意を向けているというのです。

もちろん、男性にも、いじめをする上司は同様にいます。違いは、男性は性別関係なく均等にいじめをする、という点だそうです。

男性優位の環境で成功した女性は、他の女性の出世を快く思わず、同じ道を進もうとしている女性たちのキャリアを支援しないどころか、積極的にその道を断ち切ろうとする傾向があります。そんな女性上司を「女王蜂症候群」と呼ぶそうです。

一九七三年に米ミシガン大学のグラハム・ステインズ、トビー・エプステイン・ジャヤラトナ、キャロル・タブリスらが「女王蜂症候群」と名づけ、一九七四年にサイコロジー・トゥデイに論文を発表。その後さまざまな研究が続けられています。

最近のデータですと、二〇一一年にアメリカ経営者協会が実施した調査では、九五％の女性が女性から卑劣な攻撃をされたという結果が発表されています。

私は外資系メーカー勤務時代に、女王蜂症候群にかかっていた女性上司を持ったことがあります（もっともその頃は、女性特有のものとは思わず、彼女特有の現象なんだと思っていたのですが……）。

その上司は、他の男性スタッフへ対する言動と、私への言動が一八〇度違っており、男性の同僚から「集中砲火を浴びているけど大丈夫？」と心配されるほどでした。

女性の先輩の中には、「どういう言動がいつ起きたかを記録して、人事へ駆け込みなさい」と勧めてくれた人もいましたが、それは最終手段と考えていました。私は、彼女の部門から異動することを模索。以前担当した案件で関わっていた別部門の執行役員のプロジェクトをこっそり手伝いながら、その執行役員に異動希望を伝えました。その後、無事異動を果たし、彼女とはお別れしました。

パワーポジションを考え、私はあえて、直接対決をするのではなく、逃げるという手段で問題解決を図ったのでした。ただ、それには、一年近くの時間がかかりました。

なお、米コーネル大学のペギー・ドレクスラー氏によると、女王蜂症候群はすべての女性エグゼクティブに見られるわけではなく、女性マネジメントが若い女性を組織の中でサポートしている場合もあるとのことです。

問題のトップ三は、「陰口・排他」「いじわる」「比較」

次に、女性間で起こる個別の問題について、それぞれどう対処すべきかを見ていきましょう。よく起こる問題のトップ三は、「陰口・排他」「いじわる」「比較」と言われています。

a．陰口・排他

女性スタッフのランチや休憩タイムによく起きる陰口大会。これは、敵と味方を区別しておきたいという心理だけでなく、相手とつながっていたいという気持ちから起きている行為です。仲間外れ（排他）もここに分類されるでしょう。これに加わらなければ、敵と見なされるので、嫌だなと思って、ついついその輪に加わってしまった経験は、女性なら少なからずあるのではないでしょうか。

ただ、**女性マネジメントはここに参加してはいけません。**

参加しても、反論しても、何らかの形で巻き込まれることになります。陰口には加わらず、たとえ何か聞かれても、「そうね〜、そういう考え方もあるわね〜」「そんなことがあったのね〜」など、相づち程度で終わらせます。

陰口を言わない人と思われるようになれば、陰口大会には誘われなくなりますし、巻き込まれることもなくなります。

自分についての陰口に関しては、**周囲と信頼関係を築く以外に道はありません。**周囲がその陰口を信じないようにするしかないのです。いつしか他に話題が移っていくまで待ちましょう。

b. いじわる

「いじわる」も、女性同士でよく行われます。当事者の女性同士にしかわからない巧妙なものから、部門全部を巻き込んだスケールの大きいものまでさまざまありますが、これも基本的には、**スルーする**しかありません。

構ってほしい、うらやましいなど、本人側の問題であることが多いのです。それにいちいちつき合う必要はありません。

仕事をサボタージュされるようでしたら、**人事評価に適正に反映し、上司や人事に報告して、サボタージュしにくい仕組み**にしましょう。

c. 比較

女性同士で一番面倒なのが、「比較」ではないかと私は思っています。

自分よりも恵まれた（ように見える）人がいると、相手の足を引っ張り、引きずり降ろす行為が頻繁に行われています。

自分のライフステージによって、ターゲットが変わるというのも、女性ならではの側面です。「彼ができた」「結婚した」「子どもができた」……。そんなライフイベントの変化で、突然仲間外れにされたり、挑戦的な発言をされたりして困るというのは、よく聞く話です。

私も妊娠したときに、長くつき合いのあった女性部下から「秋山さんは子どもを持たないって決めたと思ったのに」という短いメールをもらい、それ以降、社内会議でことあるごとに反論してきて、周囲から「なんかあったの？」と聞かれてしまうほどでした。

この「**比較**」**の問題も、他のケースと同様、**「**相手の悪口を言わない**」「**スルーする**」**というのがもっとも効果的な処方箋**です。

社内会議などであれば、無謀なことを言われても、感情的にならず、ロジカルに返します。相手が無謀なことを言ってきたら、それをやり込めてはいけません。「**気持ちの処理ができないんだな**」**と一歩引いて思いつつ、寛容に対処する**のが、女性上司としての返し方です。

一対一の場で個人攻撃された場合は、「こんなことも起きるんだね、私も思ってもみなかった」と伝え、その後は、自分自身は変わっていないという立場で会話をして、終わりにしましょう。

彼女が自分と比較して、何らかの点で「勝ち・負け」を判断し、それに対して不満を持っているのは、相手の問題です。そこに巻き込まれないで、相手が自分で解決するように、刺激しないというのが解決のポイントではないかと考えています。

加えて、相手は「勝ち・負け」を判断しているけれど、**自分は「判断していない」というスタンスを取る**ことも大事です。どんな相手であれ、一人の人として敬意を払って接していると、相手の不安や不満レベルが下がっていきます。

女性という性にある特有なネガティブ面を理解し、それにどう対処できるかを考えて、女性部下ともいい関係を築きながら結果を出す。そんな女性マネジメントになれるといいですね。私自身日々悩むことも多いのですが、男女にかかわらず、得意な人にも不得意な人にも、同様に接することができるように努めています。

女性部下とのつき合い方を知る
ここがポイント！

❶ 若い女性部下に自らの価値観を押しつけるのではなく、共通ポイントを見つけていく

❷ 女性部下自身の持つ問題が原因のトラブルには、精神的にも物理的にも巻き込まれないように、リーダーらしいスタンスを取る

❸ 「女王蜂症候群」にかかっていないか、自分自身が問題の原因となっていないか、振り返る

「女王蜂症候群」の上司に対する対処法も知っておく

❹ 女性間の問題のトップ三は、「陰口・排他」「いじわる」「比較」それぞれ対処法を知っておく

外交戦略のまとめ

この章では、外交戦略の立て方を次の五つの観点から解説いたしました。

1 自分を引き上げてくれるスポンサーを見つける

2 〝戦略的に〟社内外に人脈を作る

3 女性リーダーに対する無意識の罠を知る

4 女の武器になる？ 「女性〝性〟」の使い方を知る

5「女の敵は女？」女性部下とのつき合い方を知る

女性が社会で活躍し、出世していくのは、いばらの道とも言えます。だからこそ、戦略的に外交をして、協力者を求め、人脈を活用し、助け合いながら、自分の道を突き進んでいってください。

おわりに

本書は、日経ビジネスオンラインでの連載「秋山ゆかりの女性キャリアアップ論」の内容を「キャリアをステップアップする」という軸にそって再編し、まとめたものです。

書籍としてまとめるにあたり、加筆修正もさせていただき、女性が組織の中で出世していくために必要な「成長戦略・イメージ戦略・外交戦略」を、私の経験からご紹介しました。

私は非常にラッキーなことに、二十代で自分のキャリアのモデルとなるような先輩方に出会え、そして、マネジメントとして育っていく過程ではゼネラル・エレクトリック（ＧＥ）やＩＢＭなどのグローバル企業で、女性のマネジメントとして身につけるべきものを教えてもらうことができました。

結果として、日本人の女性としてキャリアを進めていく上でずいぶんとサポートをもらったように思います。

この連載を日経ビジネスオンラインではじめたのは、三十代の頃の私のように、武器も何も手にしないまま、男性社会の中で女性管理職としてキャリアを築かなければならない人のために、なんらかの武器を提供したいという思いからでした。

私には、二つの大きな転換期があったと思います。

一つは、二十代のときにボストン・コンサルティング・グループ（ＢＣＧ）に転職したとき、そして、二つ目は、ＧＥで戦略・事業開発本部長として次世代のリーダーシップ教育を受けたときです。

ＢＣＧでは、戦略コンサルタントとして、ビジネスの基礎を学びました。また、ＢＣＧで出会った先輩女性コンサルタントの方々から、本当に多くのことを学び、そして、私の人生のロールモデルとして彼女たちの後に続きたいと、心から思えました。

ＢＣＧでは女性の先輩だけでなく、男性の先輩方にも恵まれました。

たとえば、女性コンサルタントの先輩方からは、コンサルタントとして子育てしながら、あるいはキャリアをどう切り開いていくのか、そして、プライベートとのバランスを取るのかをそばで見聞きし、一人の女性として、どのように家族と接すればいいのかを学びました。

「トレードオフ」という言葉がよく使われますが、彼女たちはトレードオフをしているのではない。全身全霊で、自分のキャリア、そして、家族と向き合っているのだと。

ときに、ボロボロになりながら、ときに、幸せな笑みを浮かべながら、人生と、そして、自分自身と向き合っている姿を見て、「私はなんと甘いのだろう。こうして自分と向き合い、状況に合わせた答えを見つけていくこと、それが生きるということなのだ。もがき苦しむのが悪いことではない。どれだけ真剣に向き合うのかが大事なのだ」と学びました。

ある先輩は、BCGを辞めた後に渡米し、そこで一人で子育てをし、子どもを立派に育て上げ、そして、自身も、仕事だけでなく趣味も極める素晴らしい人生を送っています。

もう一人の先輩は、起業した後、ベンチャーの最高執行責任者（COO）に就任しています。わが家の病気がちな娘が入院するたびに、「栄養たっぷりなスープ作ったから、冷凍で送っておいた！　飲んでね！」と、仕事だけでなく、プライベートでも常に応援してくれています。

仕事がものすごく忙しいときにでも、常に他人を気遣う先輩方のように私はありたい。

彼女たちの存在が、私の中ではとても大きくて、彼女たちに続く人になりたいと強く願うのです。

私が、自分の大変なときの姿を人さまにさらすのは恥ずかしくないと、そうやって人は生きていくことで、次の世代にも大きな影響を与えられるのだと思えるのは、そんな先輩方がいるからこそ。私はこの本を書く勇気が出るのです。

女性の先輩だけではありません。ＢＣＧでは、男性の先輩方からも多くの学びがありました。この本を書いている二〇一八年現在、#MeTooムーブメントとなっていますが、私も二十代、三十代はセクハラに悩みました。

プロジェクトチーム全員（といっても女性は私一人だけでしたが）の出張先で同僚男性にホテルの部屋に押し入られたり、飲み会で下着の下まで手を入れられたりと、物理的なセクハラも数多くあった時代でした。

その頃、私は、「私が女性だからそういう評価をされているのだ」と自分を評価していたことがありました。当時、女性には飲み会の席で何をしても許されると思っていた男性も確かにいたでしょう。

でも、そんな私に、ある男性の先輩シニアマネジメントはこう言いました。

「それは、お前が女だから受けていることなのか。それとも、『お前』だから受けている評価なのか。それぞれきっちり分けて向き合わないと、すべてを女性だからとまとめていたら、お前自身の成長はないぞ」

今振り返ると、二十代でこの考え方に出会ったことは、本当にありがたい限りです。このとき以来、私は女性だから低く評価されているのか、それとも私自身に足りないものがあるから低く評価されているのかを考えるようになりました。

その後、転職したGEでは、シニアマネジメントとして育てられる中で、女性では身につけられる機会が少なかったので身につけられていないものと、もっと意識して身につけるべきものを指導されてきました。

マネジメントとしてどう振る舞い、どう他人にアピールしていくかを学んだのもこの頃です。

この頃もセクハラ・パワハラがなかったわけではありません。

ある子会社社長から、「女性とは仕事ができない」と言われたときに、上司である本社副社長から、「彼はコンプライアンスに問題があるので、会社としては適切に処理をするが、あなたはこの状況でどうするか？」と聞かれたので、「粛々と、目的に向かって仕事をします」と答えました。

そして、いつも以上に周到に準備をし、提携企業との交渉もすべて自分でしきって、大きな案件をまとめました。

そのサービスがローンチするころには、「女性とは仕事をしたくない」と言っていた社長も「秋山さんとならいいかも」と言ってくれるようになり、私は、「目の前の仕事に集中することで、性別を超える仕事ができるのだ」とひしひしと実感しました。

私の大好きな『9時から5時半まで』（逢坂みえこ著、集英社）という漫画の中で、セクハラにあった女性社員に対して、同僚が「ビジネスの神が＋－（プラスマイナス）を補正してくれるんだよ」と慰めるシーンがあります。

私は、就職してすぐにこの本を読んで以来、どこにでも、ビジネスの神さまはいるのだと信じています。神さまは平等に見てくれていて、必要なときに、私たちにウインクをしてくれているのです。

だから、私は、たとえビジネスの場であっても、女性は女性であっていいと思っています。物理的な男女差を乗り越えることはそもそもできないと思っているので、私は女性が持つ特性を持ったまま仕事をしていきたいです。

でも、女性なので、身につける機会が少なかったスキルもあるでしょう。

だからこそ、ぶち当たる壁は当然あります。その壁を少しでも楽に乗り越える方法を、本書を通じて、身につけていただけると幸いです。

最後に、日経ＢＰの飯村かおりさん、小野口哲さん、瀬戸久美子さん、本書の企画から編集までを担当してくださったディスカヴァー・トゥエンティワン社長の干場弓子さん、編集部の木下智尋さん、杉田彰子さん、アップルシード・エージェンシーの鬼塚忠さん、エディットブレインの上野郁江さんには大変お世話になりました。

二冊同時に出版する運びとなり、週末の多くの時間を執筆に使った私に理解を示してくれた夫と娘にも心から感謝しています。

そして、私をいつも応援してくれる偉大な男性・女性の先輩方、友人方にもお礼申し上げます。「おわりに」に記すだけでは足りないほど、感謝を伝えたい人がたくさんいることは、とてもありがたいことなのだと感じています。

読者のみなさま、最後までお読みいただき本当にありがとうございました。

秋山　ゆかり

二〇一八年三月

秋山ゆかり Yukari Akiyama

事業開発コンサルタント

イリノイ州立大学アーバナ・シャンペン校(UIUC)情報科学・統計学部卒業。奈良先端科学技術大学院大学修士(工学)。UIUC在学中に、世界初のウェブブラウザーであるNCSA Mosaicプロジェクトに参加後、世界初の音楽ダウンロードサービスやインターネット映画広告サービス等の数多くの新規事業を立ち上げ、インターネット・エンジニアのキャリアを重ねる。ボストン・コンサルティング・グループの戦略コンサルタント、GE Internationalの戦略・事業開発本部長、日本IBMの事業開発部長を歴任。2012年に戦略・事業開発コンサルティングを行う株式会社Leonessaを設立。内閣府 総合科学技術・イノベーション会議 重要課題専門調査会 地域における人とくらしのワーキンググループ 委員(2015年〜現在)など各種政府審議会委員などを務める。明治大学サービス創新研究所客員研究員。芸術思考学会副会長。声楽家としても活動し、テレビ朝日「題名のない音楽会」では「奇跡のハイヴォイス」と評される。主な著書に、『自由に働くための仕事のルール』『ミリオネーゼの仕事術【入門】』(ともにディスカヴァー刊)、『考えながら走る』(早川書房)、『「稼ぐ力」の育て方』(PHP研究所)、『キャリアアップEnglishダイアリー』(ジャパンタイムズ)などがある。

秋山ゆかりHP
http://www.yukari-akiyama.com/

著者エージェント
アップルシード・エージェンシー

本書への感想はこちらにお寄せください。
book@office-akiyama.jp

自由に働くための出世のルール
父がわたしに教えてくれなかったこと

発行日 2018年5月25日 第1刷

Author	秋山ゆかり
Book Designer	グルーヴィジョンズ
Publication	株式会社ディスカヴァー・トゥエンティワン 〒102-0093 東京都千代田区平河町2-16-1 平河町森タワー11F TEL 03-3237-8321（代表） FAX 03-3237-8323 http://www.d21.co.jp
Publisher	干場弓子
Editor	干場弓子 木下智尋 杉田彰子
Marketing Group Staff	小田孝文 井筒浩 千葉潤子 飯田智樹 佐藤昌幸 谷口奈緒美 古矢薫 蛯原昇 安永智洋 鍋田匠伴 榊原僚 佐竹祐哉 廣内悠理 梅本翔太 田中姫菜 橋本莉奈 川島理 庄司知世 谷中卓 小木曽礼丈 越野志絵良 佐々木玲奈 高橋雛乃
Productive Group Staff	藤田浩芳 千葉正幸 原典宏 林秀樹 三谷祐一 大山聡子 大竹朝子 堀部直人 林拓馬 塔下太朗 松石悠 渡辺基志
E-Business Group Staff	松原史与志 中澤泰宏 西川なつか 伊東佑真 牧野類 倉田華
Global & Public Relations Group Staff	郭迪 田中亜紀 奥田千晶 李瑋玲 連苑如
Operations & Accounting Group Staff	山中麻吏 小関勝則 小田木もも 池田望 福永友紀
Assistant Staff	町田加奈子 丸山香織 小林里美 井澤徳子 藤井多穂子 藤井かおり 葛目美枝子 伊藤香 常徳すみ 鈴木洋子 内山典子 石橋佐知子 伊藤由美 小川弘代 畑野衣見 森祐斗
Proofreader	株式会社鷗来堂
DTP	アーティザンカンパニー株式会社
Printing	日経印刷株式会社

ISBN978-4-7993-2263-5

同時発売

一生使えるポータブル・スキル

自由に働くための仕事のルール

秋山ゆかり

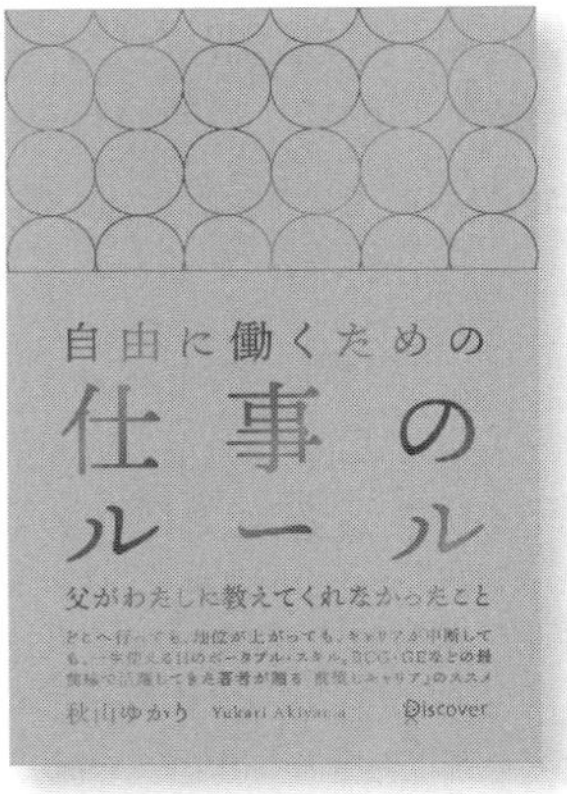

異動しても、転職しても、育児・介護でキャリアが中断しても、「あなたにいてほしい」「戻ってきてほしい」と言われるために。いつでもどこでも使える 11 のポータブル・スキル。

定価 1500 円（税別）発行日 2018 年 5 月 25 日
ISBN978-4-7993-2262-8